赵世萍 著

我国环境保护财政政策的演变与发展研究

WOGUO HUANJING BAOHU CAIZHENG ZHENGCE DE YANBIAN YU FAZHAN YANJIU

中国财经出版传媒集团
中国财政经济出版社

图书在版编目（CIP）数据

我国环境保护财政政策的演变与发展研究／赵世萍著．--北京：中国财政经济出版社，2019.11
ISBN 978-7-5095-9327-1

Ⅰ.①我… Ⅱ.①赵… Ⅲ.①环境保护政策－财政政策－研究－中国 Ⅳ.①F812.0 ②X-012

中国版本图书馆CIP数据核字（2019）第233608号

责任编辑：彭 波　　　　责任印制：党 辉
封面设计：卜建辰　　　　责任校对：李 丽

中国财政经济出版社 出版
URL：http：//www.cfeph.cn
E-mail：cfeph@cfemg.cn

社址：北京市海淀区阜成路甲28号　邮政编码：100142
营销中心电话：010-88191537
北京财经印刷厂印装　各地新华书店经销
710×1000毫米　16开　11.5印张　145 000字
2019年11月第1版　2019年11月北京第1次印刷
定价：68.00元
ISBN 978-7-5095-9327-1
（图书出现印装问题，本社负责调换）
本社质量投诉电话：010-88190744
打击盗版举报热线：010-88191661　QQ：2242791300

前　言

中华人民共和国成立后，尤其是1978年改革开放以来，中国的发展取得了举世瞩目的成就。经济保持了长期、稳定和高速的发展，人民生活水平大幅提高，综合国力不断增强。中国已经成为世界第二大经济体，进入中高收入国家行列，中国经济对世界经济增长的贡献越来越大，在世界中的地位举足轻重。

随着经济的快速发展，环境污染问题也逐渐出现，并成为阻碍我国经济发展的重要因素。尤其是进入21世纪以来，全球的生态环境形势发生了巨大变化，生态环境保护已经成为世界各国面临的共同挑战之一。同时，中国的经济、社会发展也进入“新常态”，日益恶化的生态环境问题对中国的发展模式、发展动力提出了新的要求，绿色发展成为中国新的发展理念，环境保护更加受到重视。

党的十八大以来，以习近平同志为核心的党中央，将生态文明建设纳入“五位一体”总体布局和“四个全面”战略布局之中，生态文明建设被提到前所未有的高度。习近平总书记提出了“绿水青山就是金山银山”的发展理念，倡导“人与自然和谐共生”，给出了“构建人类命运共同体”的中国方案，这些都对财政工作提出了新的更高的要求。

面对我国现阶段发展中出现的新情况、新问题、新要求，财政作为国家治理的基础和重要支柱，在生态文明建设中无疑肩负着重要责任。财政部门应按照党中央、国务院的部署，着力推进生态文明体制机制建设，进一步完善环境保护财政政策，充分发挥财政在生态文明建设中的导向与保障作用。

本书全面梳理了中华人民共和国成立后我国环境保护战略思想的重大转变、环境保护体制的建设以及伴随着环境保护事业的发展，支持环境保护的财政政策的探索、建立和完善过程，概括了我国环境保护支出性财政政策和收入性政策的发展与现状，指出了目前存在的问题，并深入分析了产生这些问题的深层次原因。同时书中介绍了发达国家环境保护和污染治理的成功经验，并理性思考了这些经验对我国的启示。在此基础上，提出了完善我国环境保护财政政策的若干建议。

本人长期从事宏观经济政策、资源环境管理等方面的研究工作，现为财政部中国财政科学研究院副研究员，这本书是在长期积累的基础上撰写而成。由于环境保护财政政策涉及面广、具有相当的复杂性，本书研究主题的难度和跨度都很大，现有的研究成果还很不成熟，书中观点难免有偏颇之处，恳请读者指正，笔者将继续深入研究下去。同时在本书的撰写过程中，借鉴了许多前辈的研究成果，在此表示感谢。

赵世萍

2019 年 9 月

目　　录

我国环境保护财政政策的演变与发展研究

Chapter 1

第一章　导　论

第一节 研究背景

进入21世纪以来，全球的生态环境形势发生了巨大变化，生态环境保护已经成为世界各国面临的共同挑战之一。由资源、环境问题引发的各类矛盾和冲突，深刻影响着世界政治格局的变化和经济的发展，也加剧了大国之间的竞争与博弈。与此同时，中国的经济、社会发展也进入“新常态”，严峻的生态环境问题对中国的发展模式、发展动力提出了新的要求，绿色发展成为中国新的发展理念，环境保护也得到了前所未有的重视。

一、全球生态环境形势严峻

环境问题是伴随着人类社会的工业化、城市化进程出现的。工业革命在为人类带来物质文明的同时，也加剧了人与自然的矛盾，使全球生态环境持续恶化。随着工业革命和科技革命浪潮的多次涌动，科学技术迅猛发展，人口规模急剧增长，导致人类需求的增加和生产规模的无限扩大。而以石油、煤炭、天然气等自然资源为原料建立的现代工业体系，带动了城市化的快速发展。工业化和城市化的发展，进一步推动了市场经济的迅速发展。随着市场交易的普遍化，矿产、土地、森林、草原、水资源等自然资源逐渐变成商品，成为人类掠夺和开发的对象。在工业文明时代，自然资源的投入量和消耗量急增，废弃物的排放量也迅速增加，传统的经济增长方式导致对资源的掠夺式开发和对环境的破坏，使全球的生态环境不断恶化。20世纪中叶，发达国家集中爆发的比利时马斯河谷烟雾事件、伦敦烟雾事件、美国洛杉矶光化学烟雾事件、日本水俣病事件等“环境公害事件”，20世纪80年代发生的意大利塞维索化学污染事故、美国三里岛核电站泄漏事故、墨西哥液化气爆炸事件、苏联切尔诺贝利核电站泄漏事故等“新环境公害事件”，以及21世纪以来发生的多瑙河重金属污染事件、日本福岛核泄漏事故、中国出现的雾霾问题等，都是自然界对人类不当行为的报复。

目前，虽然各国在保护环境方面做出了一些努力，但是全球的生态环境恶化趋势并未得到根本遏制，生态环境形势仍然十分严峻。世界各国共同面临的生态环境的主要问题有：全球气候变化、酸雨污染、臭氧层耗损、有毒有害化学品和废物越境转移和扩散、生物多样性的锐减、海洋污染等。同时发展中国家在促进经济发展的同时，还需要解决水污染和水资源短缺、土地退化、沙漠化、水土流失、森林减少等问题。这些生态环境问题如不引起重视并加以抑制，人类可能遭遇难以承受的灭顶之灾。据相关专家预测，如果未来全球碳排放总量峰值到来的时间没能控制到2020年内，并在2050年下降50%～80%，将导致冰川融化，海平面上升，洪水、干旱、森林大火肆虐，物种走向灭绝，粮食大幅减产等灾难性后果①，可能会使地球这个人类的家园最终不再适宜人类生存。

与此同时，生态环境问题呈现出新特征：一是全球化，环境污染的影响范围和危害对象从主要集中在污染源附近或特定的生态环境中转为扩大到全球；二是累积化，历史上积累的不同发展阶段产生的环境问题和现代社会新产生的环境问题不断叠加、组合变化，并集中爆发；三是社会化，生态环境问题已经渗透到经济、社会发展的各个方面，成为全社会共同关心的问题；四是政治化，随着人类对生态环境重要性认识的深入和关注程度的提高，当前保护生态环境已经不仅是单纯的技术问题，而成为各国政府制定国际、国内战略和政策的重要考量因素；五是高科技化，高科技引发的环境问题不断增多，这些环境问题技术含量增高、影响范围广、控制难、后果严重，已引起世界

① 刘建飞．引领：推动构建人类命运共同体［M］．北京：中共中央党校出版社，2018.

各国的普遍关注。

21 世纪以来，生态环境问题逐渐超越了国界，成为世界性议题。严峻的全球生态环境形势，迫切需要世界各国携手治理，共同承担起建设世界美丽家园的重任。此时，一些发达国家却民粹主义盛行，逆全球化潮流泛滥，“黑天鹅”现象频出：美国的“退群”、英国的“脱欧”、法国的“黄背心”运动，以及日本等国家拒绝履行减排的责任，这诸多因素交织在一起，使世界生态环境保护的局势更加复杂多变。

2015 年 9 月，习近平主席在联合国总部发表重要讲话时提出：“构建以合作共赢为核心的新型国际关系，打造人类命运共同体。”他多次强调，“建设生态文明关乎人类未来。国际社会应该携手同行，共谋全球生态文明建设之路，牢固树立尊重自然、顺应自然、保护自然的意识，坚持走绿色、低碳、循环、可持续发展之路。”[①] 习近平主席以全球视野看待生态环境保护，紧紧把握和顺应了生态文明发展的国际趋势，形成了具有中国特色和世界价值的全球生态文明思想，并为建设世界美丽家园提供了中国智慧、中国方案，做出了中国贡献。

二、中国面临的挑战与抉择

改革开放以来，中国的经济建设取得了举世瞩目的成就，经济保持稳步增长，人民生活水平快速提高。2010 年中国超过日本，成为世界第 2 大经济体，2018 年中国经济总量首次突破 90 万亿元，稳居世界第 2 位，人均 GDP 接近 1 万美元，已经跨入中高收入国家行列。但是，中国近 40 年的高速发展，是采取的以高消耗、高污染、低效益为特征的粗放型发展模式，造成了生态环境的持续恶化。在以

① 中共中央文献研究室．习近平关于社会主义生态文明建设论述摘编［M］．北京：中央文献出版社，2017.

GDP 增长速度为导向的政绩观影响下，地方政府为了当地经济发展的需要，从自然界拼命开采石油、煤炭等能源，以解决工业化过程中的能源不足问题，同时，工业化的快速发展也加快了获取自然资源的速度。粗放型开采资源带来的后果是资源浪费、环境污染、生态破坏。发达国家上百年工业化过程中出现的环境问题，在中国近 20 年来集中爆发，并呈现结构型、复合型、压缩型等特点。

在长期积累和新出现的环境问题的叠加作用下，目前中国的环境污染和生态恶化状况已经相当严重：主要污染物排放量超过环境承载能力，大气、水、土壤等的污染日益严重，固体废料、汽车尾气、持久性有机物等污染持续增加。据公开资料显示，2018 年，全国 338 个地级及以上城市中，空气质量达标城市数不足四成；2018 年全国水土流失面积 273.69 万平方公里，占全国国土面积（不含港澳台）的 28.6%。当前，中国已经成为世界上第一大能源生产国和消费国：中国的能源消耗量和二氧化碳排放量远远高于世界平均水平（见图 1－1、图 1－2），单位国内生产总值能耗大致是美国的 2.9 倍、日本的 4.9 倍、欧盟的 4.3 倍、世界水平的 2.3 倍，成为世界上单位 GDP 能耗最高的国家之一。

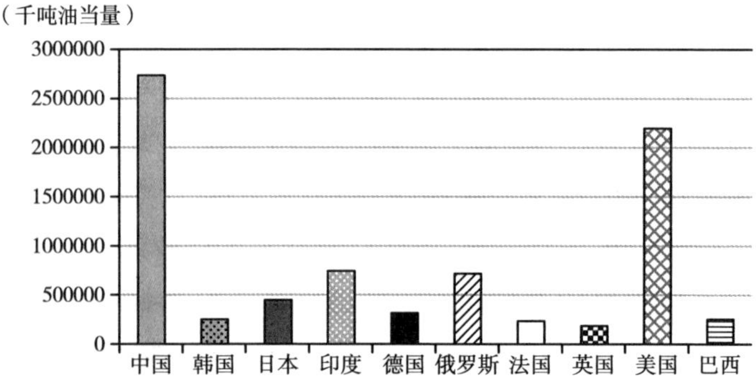

图 1－1　中国与部分国家能源消耗量（2011 年）

资料来源：Wind 数据库。

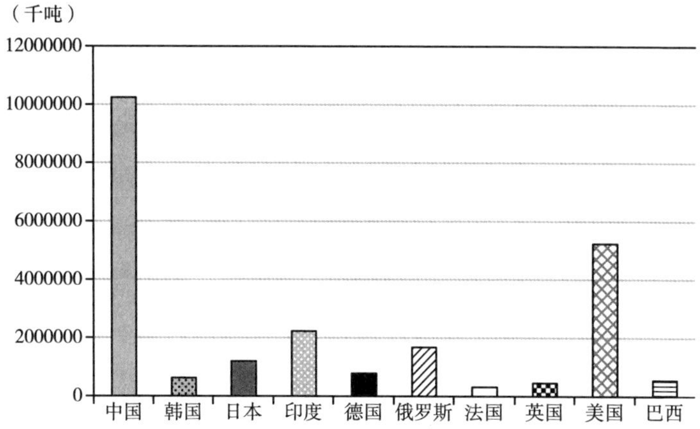

图 1-2 中国与部分国家二氧化碳排放量（2014 年）

资料来源：Wind 数据库。

与此同时，我国的资源禀赋并不富裕，重要资源的人均占有量低于世界平均水平，加上能源资源的使用粗放，一方面造成生态环境问题集中爆发，另一方面使资源的对外依存度不断提高。以石油为例，2016 年我国原油对外依存度已达 65.5%①。中国在进入中等收入阶段后，要保持可持续发展，必须摒弃现有的粗放发展模式，更多地依靠创新驱动增长。

随着社会经济建设的发展和认识水平的不断提高，党和政府对生态环境保护的认识也逐步深化。尤其是党的十八大以来，以习近平总书记为核心的党中央提出了一系列生态环境保护的新思想、新理念、新战略。党的十八大报告全面阐述了生态文明建设的地位、目标和战略部署，首次提出经济建设、政治建设、文化建设、社会建设、生态文明建设“五位一体”的格局，并强调将生态文明建设放在突出地位，融入经济建设、政治建设、文化建设和社会建设的各个方面和全过程之中，这标志着中国进入生态文明建设的新时代。

① 刘朝全，姜学锋. 2016 年国内外油气行业发展报告［M］. 北京：石油工业出版社，2017.

面对生态环境恶化、资源约束趋紧、发展不可持续等问题，党和国家制定了一系列法律、法规，采取了强有力的措施，以遏制生态环境积累性恶化的趋势，维护国家生态安全。突出表现在：一是完善生态环境保护法律体系。2011 年启动《环保法》的修订，2014 年表决通过。新修订的环保法被称为“史上最严环保法”，对环境污染、生态破坏“说不”，对破坏生态环境的行为“零容忍”。出台了《大气污染防治行动计划》（“大气十条”）、《水污染防治行动计划》（“水十条”）、《土壤污染防治行动计划》（“土十条”）等法律法规，完善了我国环境保护的法律体系。二是重视生态环境治理制度体系的建立。“十三五”规划提出了一系列新制度、新措施，建立了源头预防制度、过程控制制度、末端治理制度等，形成了从源头到过程再到结果的一整套制度体系。三是重视生态环境治理的系统性、整体性和协调性。为改变目前生态环境保护和环境治理的分块化、部门化现状，“十三五”规划做出了具体部署，提出“推进多污染物综合防治和环境治理，实行联防联控和流域共治”“建立全国统一的实时在线环境监控系统”“探索建立跨地区环保机构”“实行省以下环保机构监测监察执法垂直管理制度”等措施，促进环境治理的协调推进。四是输出“构建人类命运共同体”的中国方案。党的十八大报告提出：“为全球生态安全做出贡献。”① 这是在党的报告中首次明确中国生态环境治理的世界责任。在 2015 年 12 月召开的气候变化巴黎大会上，习近平主席将“十三五”规划中提出的绿色发展理念介绍给各国首脑，阐释了应对气候变化的中国建议，并承诺：中国在 2016 年启动在发展中国家开展 10 个低碳示范区、100 个减缓和适应气候变化项目和 1000 个应对气候变化培训名额的合作项目。作为一个负责任的大国，中国将积极参与到全球环境治理中去，并向世界展示中国的做法和经验，输出中国智慧，提供中国方案，做出中国贡献。

---

① 胡锦涛．坚定不移沿着中国特色社会主义道路前进　为全面建成小康社会而奋斗——在中国共产党第十八次全国代表大会上的报告［M］．北京：人民出版社，2012.

第二节 理论基础

环境保护的关键问题是处理好人与自然的关系，环境保护政策本质上是一种分配政策，是调节人与自然资源交换过程中各利益主体之间分配关系的政策①。财政政策是在分配领域起主要作用的政策工具，因此也是环境保护政策的主要组成部分。对环境保护中财政政策运用的研究主要依赖两个基本理论：公共产品理论和外部性理论。

一、公共产品理论

最初公共产品理论的研究可以追溯到18世纪英国的休谟（David Hume），他是最早开始研究如何解决公共性问题的学者之一，亚当·斯密（Adam Smith）在《国富论》中也涉及了政府提供公共产品的问题。19世纪，意大利经济学家潘塔莱奥尼（Maffeo Pantaleoni）将边际效用价值论运用到财政学科的研究中，形成了初期的现代公共产品理论。同期瑞典经济学家威克塞尔（Knut Wicksell）和林达尔（Lindahl Equilibrium），先后提出了公共产品供给均衡的理论与模式，将对公共产品理论的研究推进了一大步。

1954年、1955年美国著名经济学家萨缪尔森（Paul A. Samuelson）发表了《公共支出的纯理论》和《公共支出理论的图式探讨》，文章首次提出公共产品的概念，并解决了部分公共产品理论的核心问题。他将公共产品定义为：每个人消费这种物品或劳务不会导致别人对该种产品或劳务消费的减少，且该物品所带来的好处是不可分割的。这一描述成为纯粹的公共产品的经典定义，在此基础

① 孔志峰，高小萍．我国环境保护的财政政策改革［J］．学海，2010（2）．

上，经济学家还总结出了公共产品具有非竞争性和非排他性的特征。1965 年，美国经济学家布坎南（James M. Buchanan）在《俱乐部的经济理论》中首次提出了非纯公共产品（准公共产品）的概念，公共产品的概念得以拓宽。

20 世纪 70 年代以后，公共产品理论在很多方面有了新的进展，尤其是对公共产品的私人供给问题的研究，取得了新的研究成果。

根据公共经济学理论，社会产品分为公共产品和私人产品。纯粹的公共产品是这样的产品或劳务，即所有人都可以获得该产品或劳务带来的好处，且一个人对它的消费不会减少另一个人对它的消费。与私人产品相比较，公共产品具有 3 个显著特征：效用的不可分割性、消费的非竞争性和受益的非排他性。私人产品是指可以由个别消费者占有和享用，具有敌对性、排他性和可分割性的产品。而介于公共产品和私人产品之间的则称为准公共产品。准公共产品是指具有有限的非竞争性或有限的非排他性的公共产品。公共产品理论是界定政府与市场关系、构建公共财政的理论基础。它强调政府应该通过公共财政等形式提供公共产品和服务，满足社会的公共需求。

二、外部性理论

外部性概念缘于英国新古典经济学家马歇尔（Alfred Marshall）提出的“外部经济”的概念。1890 年，马歇尔在发表的《经济学原理》中首次提出了“外部经济”。按照马歇尔的论述，“外部经济”是指由于企业外部的各种因素所导致的生产费用的减少，这些影响因素包括企业离原材料供应地和产品销售市场远近、市场容量的大小、运输通讯的便利程度、其他相关企业的发展水平等。在分析这一问题时，马歇尔直接使用了“外部经济”的概念，为进一步分析外部性问题奠定了基础。

1920 年，马歇尔的学生、英国经济学家阿瑟·塞西尔·庇古

(Arthur Cecil Pigou) 发表了《福利经济学》一书。在书中，庇古首次用现代经济学的方法从福利经济学的角度系统地研究了外部性问题，在马歇尔提出的“外部经济”概念基础上扩充了“外部不经济”的概念和内容，将外部性问题的研究从外部因素对企业的影响效果转向企业或居民对其他企业或居民的影响效果。庇古认为，外部性是指企业或个人的经济行为对其他微观经济主体造成间接的，不通过价格机制反映的影响①，从而导致边际私人成本与边际社会成本、边际私人收益与边际社会收益的不一致。如果这种影响是积极的，可以使他人减少成本，增加收益，称为正外部性或外部经济；若这种影响是消极的，导致他人增加成本，减少收益，则称为负外部性或外部不经济。庇古认为，通过征税和补贴，可以实现外部效应的内部化。这种政策建议后来被称为“庇古税”。

在庇古外部性理论研究的基础上，美国经济学家罗纳德·哈里·科斯（Ronald H. Coase）试图进一步寻找使负外部性内在化的途径。1960 年，科斯发表了论文《社会成本问题》，首次创造性地提出通过“交易费用”来解释企业存在的原因以及企业扩展的边界问题。与庇古理论不同，科斯认为外部性的产生并不是市场运行的必然结果，而是由于产权界定不清引起的，以此，可以通过市场交易重新分配产权来解决外部性问题。科斯还认为，一旦交易费用为零，而且产权界定是清晰的，则通过市场机制也能够解决环境的外部性问题，实现社会效益的最大化。上述理论构成了科斯定理：如果交易费用为零，无论权利如何界定，都可以通过市场交易和自愿协商达到资源的最优配置；如果交易费用不为零，制度安排与选择是重要的。科斯将外部性与产权以及制度变迁联系起来，使人们对外部性问题有了全新的认识和更为深刻的理解。但在实践中，很难实现科斯所设定的交易成本为零的假设条件，因此科斯理论也难以成为政府政策的依据。20 世纪 70 年代

---

① 胡绍雨．生态环境与财政政策文献综述［J］．经济论坛，2011（11）．

后，随着生态环境问题的日益严峻，科斯理论被应用到环境保护领域中，如排污权交易制度就是以科斯理论为基础建立起来的制度体系。

三、生态环境保护的内涵和基本特征

1. 生态环境的内涵

我国生态环境这一概念的正式出现是在1982年五届人大第五次会议上由黄秉维院士提出的，会议接受了这一提法，并在大会通过的中华人民共和国第四部宪法第二十六条中使用，政府工作报告也采用了这一表述。由于当时的宪法和政府工作报告都没有对这一名词作出解释，因此对其含义也有着不同的理解。

中国科学院地理科学与资源研究所研究员、博士生导师陈百明给生态环境的定义为：不包括污染和其他重大问题的，较符合人类理念的环境，或者说是适合人类生存和发展的物质条件的综合体。这一界定，被大多数人所接受，也是本书认同的生态环境的内涵。

生态环境保护是人类在已知世界内，采取控制和修复补救措施，达到地球系统内均衡和谐发展的过程①。生态环境保护涉及大气、海洋、陆地环境系统，生物多样性保护、自然资源利用和保护等多个方面。

2. 生态环境保护的特征

生态环境保护具有公共性。生态环境保护的公共性，来源于环境资源的公共产品特征。环境资源既具备公共产品受益的非排他性特征，也具备准公共产品的有限的非竞争性特征，这就使政府的政策手段和市场机制都可以发挥一定作用。

生态环境保护具有外部性。生态环境保护的外部性体现在两个方

---

① 叶礼江．简析生态环境保护及相关概念的含义和关系［J］．能源研究与管理，2011（2）．

面：一是环境污染的负外部性，二是环境保护的正外部性。一方面，环境污染一般是指自然或人类活动所产生的污染物或污染因素排入自然环境中去，且向自然环境中排入的污染物质超过自然环境所承载的容量及环境的自我净化能力，从而使环境遭到破坏。环境污染具有很强的负外部性，表现为私人成本与社会成本、私人收益与社会收益的不一致。在经济活动中，环境污染的负外部性的最终承受者是其他经济主体。另一方面，环境保护一般是指人类为解决现实或潜在的环境问题，协调人类与环境的关系，保护人类的生存环境、保障经济社会的可持续发展而采取的各种行动的总称。与环境污染具有负外部性不同，生态环境保护可以给经济主体带来舒适的环境和清洁干净的空气，从而促进效益的提升，因此，环境保护具有正外部性。

生态环境保护作为具有外部性的公共产品的特性，决定了政府在加强生态文明建设和生态环境保护与治理过程中的主体地位。在现实中，由于具有公共产品属性的环境资源产权不易确定，会出现“公地悲剧”现象，从而引发环境资源数量和生态环境质量的下降。同时，生态环境保护的外部性，也会导致环境保护服务供给不足和污染供给过多，因此政府运用财税等政策工具克服外部性，提供更多优质的环境公共产品，就显得尤为重要。

生态环境保护财政政策包含的内容很广，既有环境保护、污染治理等方面的内容，又涉及生态补偿和生态修复的内容。由于篇幅所限，本书的研究范围仅限于与环境保护相关的财政政策，并不涉及生态补偿的政策等内容。

第三节 国内外研究综述

19 世纪后，环境污染的加剧和“环境公害事件”的频发，引起了各国政府的高度重视和社会及学术界的广泛关注。学者们围绕环境保护的理论基础、治理手段、绿色发展等进行了深入研究与探讨，取得了一系列研究成果，很多研究成果已经在实践中得到应用，并取得了良好的效果。

一、国外研究综述

西方国家对环境问题的思考开始于20世纪中期，1962年美国学者蕾切尔·卡逊（Rachel Carson）《寂静的春天》一书的出版，引起了西方理论界的反思，随后罗马俱乐部发表的研究报告《增长的极限》，更是在理论界掀起了反思工业文明、保护生态环境的研究热潮。国外学者的研究主要体现在以下方面。

1. 理论研究

西方学者关于将财政政策运用在环境保护领域的理论研究，主要集中在以公共产品理论和外部性理论为基础的拓展性研究方面。

公共产品理论是现代西方公共财政学的核心内容，也是构建公共财政的理论依据。如前所述，系统的公共产品理论是在边际效用价值论的研究成果基础上，由美国经济学家萨缪尔森（Paul A Samuelson，1954）提出的，之后很多经济学家对公共产品理论进行了进一步深入研究。美国经济学家蒂鲍特（Tiebout，1956）在他发表的论文《地方支出的纯粹理论》中指出，分权决策可以自动实现地方公共物品配置上的帕累托效率。美国经济学家詹姆斯·布坎南（James M. Buchanan，1965）认为萨缪尔森只分析了纯公共产品和私人产品，而忽略了介于两者之间的俱乐部产品，在他发表的《俱乐部经济理论》中对非纯公共产品（准公共产品）做了分析。阿格纳·桑德莫（A. Sandom，1973）在《公共产品与消费技术》一文中指出：纯公共产品在现实生活中很少存在，而准公共产品（具有有限非排他性和有限非竞争性的产品）则比较多。同时，他从消费技术角度对准公共产品进行了分析。

20 世纪 70 年代后，许多经济学家开始用经济学原理分析、研究政府对公共产品的决策与选择，因此，公共选择理论成为公共产品理论新的发展方向，也成为现代微观经济学的重要突破。

外部性理论是英国经济学家阿尔弗雷德·马歇尔（Alfred Marshall，1910）提出，并由其弟子庇古（Arthur Cecil Pigou，1920）加以丰富和发展的。庇古认为单纯地依靠市场机制不能实现社会资源的帕累托最优配置，有时需要政府进行干预。他提出了“对具有正外部性特征的行为进行补贴，而对具有负外部性特征的行为进行征税或收费”“通过征税可以对环境污染行为发挥调节作用”① 等观点，这些观点构建了政府运用财政政策解决生态环境问题的基本框架，在经济活动中得到了广泛应用，并被称为“庇古税”。例如，在生态环境保护领域普遍采用的“谁污染，谁治理”的政策，就是庇古理论的具体应用。当前，世界各国普遍实行的排污收费制度，其理论基础也是庇古税。庇古的观点也引发了很多争议，美国著名经济学家纳德·哈里·科斯（Ronald H. Coase）就提出了与庇古相反的观点。科斯（1960）认为解决外部性问题可以通过市场交易（自愿协商制度、许可证交易制度等）而非政府手段。随着生态环境的持续恶化，发达国家开始探索实现外部性内部化的有效途径，科斯理论也被应用到生态环境保护领域的实践之中，排污权交易制度就是科斯理论的一个具体运用。

2. 促进环境保护财政政策的研究

西方发达国家环境问题爆发得比较早，关于财税政策运用在环境保护领域中的研究和实践起步较早，相关的研究成果也较丰富。

环境保护财政政策的应用。从目前收集到的文献看，专门针对环

① ［英］庇古．福利经济学［M］．晏智杰编，金镝译．北京：华夏出版社，2017.

境保护财政政策进行系统性研究的文献很少，相关内容仅散见于一些教科书中的个别章节及某些专著中。英国经济学家大卫·皮尔斯和克里·特纳（D. Pearce & P. K. Turner，1990）在《自然经济和环境经济学》中阐述了财政政策对于环境保护的重要性以及如何在环境保护中发挥作用。汤姆·蒂坦伯格（Tom Tietenberg，1992）在《环境与自然资源经济学》这本教材中，通过完整的理论分析和有力的经验证据，清楚地向人们阐述了当今世界面临的复杂的环境和自然资源问题，并详细讨论了保护环境和自然资源、实现可持续发展的有关政策问题。美国经济学家伯特尼和史蒂文斯（Porthey & Stavins，2004）在《环境保护的公共政策》（第2版）中展示了污染控制、能源政策、气候变化、生物多样性等当前全球环境与自然资源政策制定过程中所必须考虑、重视的热点问题。但在这些教材或论著中，只有很少的内容与环境保护财政政策有关。明确提出要通过财政体制改革来实现环境保护目的的是美国生态学家莱特斯·R. 布朗（Lester R. Brown，2003），他在其著作《B模式：拯救地球延续文明》中肯定了财政政策对于环境保护的重要作用，并主张实行税制转移和补贴转移这两种针对环境保护的财政政策。

绿色税收。20世纪50~60年代，发达国家的环境污染问题日益严重，引发了对绿色和可持续发展研究的热情，一些“绿色”概念应运而生。美国经济学家诺德豪斯和托宾（William Nordhaus & James Tobin，1972）提出“净经济福利指标”（net economic welfare），奠定了“绿色GDP”核算的理论基础。1977年，联合国环境规划署的专家提出“生态发展”的概念。随后，美国环境经济学家塞尼卡和陶西格（Seneca & Taussig，1986）提出了经济可持续发展战略。上述研究思路，促使经济学家开始研究如何通过税收等经济手段保护生态环境。国外绿色税收的研究重点主要集中在环境税的征收和效应等方面。图洛克（Tullock，1967）认为，应降低以收入为目标的税收，通过环境税收来弥补，并最终达到改善环境的目的。桑德姆（Sandmo，1975）指出，环境税的征收既可以增加收入，又可以纠正、改善污染所产生的负外部性的问题。皮尔斯（Pearce，1991）通过对碳税的分析提出了环境税的“双重红利”概念。

排污权交易制度。美国经济学家戴尔斯（J. H. Dales，1968）在科斯理论的基础上首次提出了“排污权交易理论”，他提出：政府可以出售排污权，污染者可以从政府手中购买这种权力，或者与持有这种污染权的其他当事人交换污染权。1974 年，美国联邦环保局（EPA）根据这一理论提出了排污权交易的设想，并将该理论用于大气及河流污染源的治理过程中，取得了显著的效果。而后德国、英国、澳大利亚等国家纷纷借鉴美国经验，相继完成了排污权交易的实践。

西方发达国家环境保护的研究建立在大量实践的基础上，由于自身经济发展程度等优势，在这一领域的研究领先于我国，并已经形成了比较完整的理论体系，在具体的财政政策实施方面也取得了很多进展。在环境保护财政政策的研究方面，西方学者有着独到而深刻的见解，这些成果也为中国环境保护政策的研究和制定提供了很多经验，值得我们学习、参考与借鉴。

二、国内研究综述

中国关于环境保护的研究起步较晚，资源的过度耗竭及环境污染问题的日益凸显，促使我国学者进行思考。从 20 世纪 80 年代末开始，学术界逐渐开展了对环境保护财政政策的研究工作，并取得了一些进展。

1. 环境保护财政政策的研究

厦门大学张馨教授（1999）出版了《公共财政论纲》一书，该书解决了一些当时模糊不清的财政理论问题，总括和阐释了公共财政的基本特征。作者认为，政府应去弥补市场需要弥补且能承担得起应有成本的那部分失效。这部著作是我国社会主义市场经济公共财政学的奠基著作之一，书中的观点为我国研究政府运用税收制度进行环境保护提供了理论基础。马中、蓝虹（2004）认为，我国公共财政理论与实践是环境财政提出的背景，环境财政是公共财政的重要组成部分。为了克服环境保护的外部性导致的“市场失灵”，政府必须通过财政政策对环境资源市场进行宏观调控，从而使环境资源合理配置。汤天滋（2006）提出，应从建立环保投融资体制、引导社会和境外资金投入环保领域、建立健全环境财政转移支付制度和环保资金监管机制四个方面构建环境财政体系。苏明、刘军民等（2008）认为，受当前的发展阶段和特殊国情等因素影响，我国生态破坏的趋势仍在继续，而财政的环保投入与现实客观需求仍存在着较大差距，不能适应生态环保的需要。中国应增加环境保护投入渠道，加大财政环保投入力度，完善财政政策，创新财政制度，同时提出了若干建议。李红祥、吴舜泽（2011）则在界定环境基本公共服务的概念及范围的基础上，阐述了中国在提供环境基本公共服务方面存在的问题，并分析了造成这种局面的主要原因，最后提出明晰环境事权、改革现有环境财政投入体制和建立环境转移支付制度等政策建议。卢洪友、祁毓（2012）分析了2007～2011年我国环境保护财政支出数据，认为“环境保护财政支出在整个公共财政支出体系当中均处于弱势地位，还需要不断优化环境保护财政支出路径，提高环境基本公共服务保障能力、扭转生态环境恶化趋势、提高基本环境质量。”[①] 史丹、吴仲斌（2015）分析了中央财政生态文明建设转移支付包括的几个方面及存在的问题，提出需要合理划分中央地方环境保护财权与事权的相关责任、科学测算生态环境领域财政支出的需求，在制度设计中引入“区域”和“块块”的概念，

① 卢洪友，祁毓．我国环境保护财政支出现状评析及优化路径选择［J］．环境保护，2012（17）．

分“区域”类型设计中央财政转移支付制度。盖中伟（2018）则从经济学角度出发，以公共支出理论为基础，阐释了政府在环境保护中发挥的不可替代的作用。同时，提出了我国在财政投入、税收制度、排污收费等方面存在的不足，最后提出了健全和完善我国环境保护财政政策的若干建议。

2. 环境保护税研究

中国关于环境保护税的研究兴起于20世纪90年代，一些专家学者通过对国外环保税的研究，提出了设立中国环境保护税的设想。谢利、赵勇（1992）提出了实行“税”“费”结合的排污收费新体制的设想，并就环境保护税的征收及使用进行了具体的设计。周泓（1993）认为，当时已经实行14年的排污费制度存在着许多局限和不足，所以，有必要寻找一个新的经济杠杆来满足环保事业发展的需要，而这个新的经济杠杆就是环境税。王金南、杨金田等（1994）在分析国内外税收政策的基础上，提出了建立我国环境保护税的基本框架，同时建议我国应该尽快制定和实施符合本国国情的环境税收政策。马军红（1996）也对开征环境保护税提出了具体设想，并从纳税人、课税范围与课税对象、计税依据和税率等方面展开了详细论述。谭立（1999）提出了建立环境税、完善资源能源税、逐步实施费改税等建议。

在环境保护税的具体设计方面，我国学者也进行了研究和探讨。王景东、许文（2000）提出环境税收是保护环境的必要经济性措施，建议应及时开征环境保护税、完善现行保护环境的税收支出政策、改革消费税制度、扩大资源税征收范围、改进农业税等，以此构建我国环境税收制度体系。罗世荣、熊林秋（2007）在对环境税制的内涵、理论基础和国外实践概括和总结的基础上，探究和分析了我国环境税制的实现形式。邢丽（2009）认为，2009年我国推行的结构性减税不能简单地用一个“减”字来概括，还应该考虑到结构性减税中的

“加法”，即结构性增税。她提出，“当前是我国开征环境税的最佳时机，应抓紧研究开征环境税。”① 近几年，随着生态文明建设的地位日益提高，我国学者也掀起了环境保护税的研究热潮。王译靖、梁飞媛（2014）提出，我国现行的环境保护手段已经不能有效地解决日益严重的环境污染问题，开征环境保护税成为我国的必要选择。他们对我国开征环境保护税所面临的难点问题进行了分析，提出了若干对策与建议。苏明（2014）提出，中国应在全国范围内尽早开征单独的环境保护税，他提出，环境税的征收范围应设定为包括废水、废气、固体废弃物和噪音等在内的污染物排放和二氧化碳排放。中国的财税学者对开征环境保护税基本达成了共识，2016 年 12 月 25 日，走过 6 年立法之路、历经两次审议，十二届全国人大常委会第二十五次会议通过了《中华人民共和国环境保护税法》，并于 2018 年 1 月 1 日起施行。

3. 其他相关的财政政策研究

学者们还就政府绿色采购、排污权交易制度等与环境保护相关的财政政策进行了研究。国内学者对排污权交易理论与实践的研究起步较晚，近几年主要围绕排污权交易总量控制、排污权交易分配制度进行研究。侯元松、李维伦（2015）通过分析排污权交易总量，系统总结了现行排污权总量控制的优势与不足，创造性地提出建立一个可以综合利用的排污体系。贾爱玲（2016）总结了我国排污权交易初始分配过程中存在的问题，提出我国目前应将有偿分配作为主要的分配形式，并对特殊行业实行无偿分配，实行多种分配方式并存的初始分配制度。吴文华（2018）从排污权有偿使用和交易理论出发，讨论了现阶段排污权有偿使用和交易机制在减排方面的作用，分析了其中存在的问题，为健全该制度提供了坚实保障。近年来，针对政府绿

---

① 邢丽. 开征环境税：结构性减税中的“加法”效应研究［J］. 税务研究，2009（7）.

色采购的研究日渐增多。王京歌、邹雄（2017）认为我国政府绿色采购制度在法律框架设计、采购标准、采购监督管理及采购救济保障等方面存在许多问题，严重影响了绿色采购制度的效果，他们提出应从绿色采购立法的健全化、采购技术标准的科学化、监督程序的完备化及救济措施的规范化等方面来加以完善，以充分发挥该制度在实践中的环保功能。韩琳（2018）则从促进环境保护方面入手，探讨了目前政府绿色采购发展过程中遇到的困境，并针对性地提出政策建议。

总之，虽然我国学者关于环境保护财政政策的研究起步较晚，但是相对于国外的研究，我国学者研究的领域和内容更接近本国的国情，因此，许多研究成果已经被政府采纳，在相关的环境保护财政政策中都有体现。

第四节 研究的内容、路径与方法

一、主要研究内容

本书共有五章，各章的主要内容如下：

第一章导论。主要介绍研究背景、理论依据、国内外研究的现状以及全书的结构、研究路径以及研究方法。

第二章是中国环境保护财政政策的历史演进。主要梳理中华人民共和国成立70年来，党和政府对环境保护的认识深化过程，中国环境保护财政政策的变化与发展历程。本章试图通过梳理不同历史发展阶段我国所面临的国际、国内环保形势与挑战，为应对环境问题我国发展战略的调整以及采取的应对措施，厘清我国环境保护财政政策的脉络，概括我国环境保护政策的实施方式、途径和重点内容，并总结我国环境保护财政政策的特点，为第三章的现状和问题分析奠定基础。

第三章是我国促进环境保护的财政政策分析。本章通过翔实的数据和相关指标变化的对比，以图、表的形式展示了我国环境保护财政政策的实施现状以及变化趋势，重点从规模、结构、中央与地方事权与支出责任划分等方面分析以应对环境变化，我国环境保护财政政策采取的措施和实施效果，找出存在的问题，指出了制约我国环境保护财政政策发挥作用的相关因素，提出了应对的策略。

第四章是发达国家环境保护的经验借鉴。介绍美国、日本、英国、法国等发达国家在工业化进程中的环境污染及治理情况，通过对国外主要发达国家环境保护的财政政策手段、方式及途径的分析，针对性地提出促进我国环境保护财政政策的措施与建议。

第五章是推动构建人类命运共同体。本章从践行习近平“人类命运共同体”思想出发，梳理了全球环境保护的兴起和发展过程以及中国环境保护国际合作的状况和取得的成绩，概括了生态文明建设的中国方案内容。在此基础上，总结了中国财政的全球化进程，并从履行大国责任，主动参与积极引领国际环境规则的制定，深度参与全球生态文明建设和环境治理等方面，论述在坚持“共同但有区别的责任”原则的前提下，大国财政应发挥的作用。

第六章是环境保护财政政策的若干建议。在前面理论分析的基础上，根据我国环境保护财政政策的历史沿革与经验总结，并借鉴发达国家经验，从我国实际出发，探讨建立稳定的环境保护财政政策长效机制的路径，并从建立和完善财政投入机制、完善税收制度、相关的配套改革几个方面，给出政策建议。

二、研究路径

研究路径如图 1－3 所示。

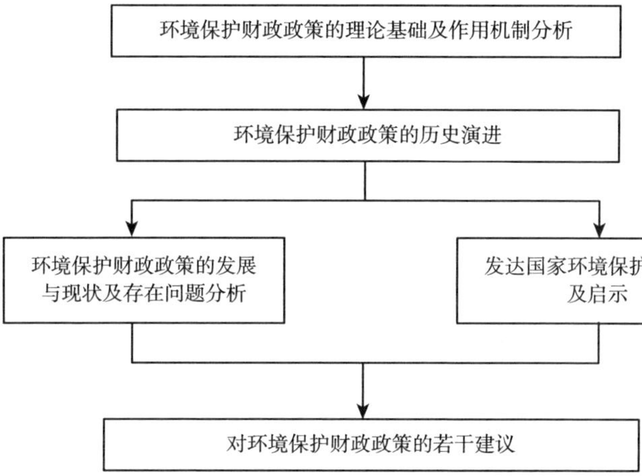

图1－3 研究路径

三、研究方法

本书主要采用以下研究方法：

（1）文献法。通过对国内外相关文献的收集、整理、归纳，总结各国学者在环境保护及相关领域的理论与观点，并在此基础上，对现有文献进行分析，为本书的研究内容和研究重点提供理论支撑。

（2）定性分析法。在理论研究的基础上，在查阅大量资料的前提下，定性分析我国环境保护财政政策的发展现状、存在问题，并提出解决问题的若干建议。

（3）比较分析法。通过梳理发达国家环境保护的历程，总结各国通过财政政策促进环境保护发展的经验教训，为我国进一步完善环境保护财政政策提供借鉴和参考。

第二章 中国环境保护财政政策的历史演进

中国的环境保护事业通过几代人的努力，从无到有，逐渐壮大。伴随着环境保护事业的发展，支持环境保护的财政政策也在探索中逐步建立和完善。本章以环境保护战略思想的重大转变和与此相对应的财政体制改革为节点，将中华人民共和国成立70年来中国环境保护体制的发展历程分为五个时期：萌芽期、建设期、发展期、完善期和成熟期，并分别梳理各个阶段支持环境保护的财政政策的发展、变化与完善的过程。

第一节　环境保护意识的萌芽期

本节回顾中华人民共和国成立后到党的十一届三中全会（1949～1978年）这段时期党和国家对环境保护的认识，以及我国生态环境形势和环境污染状况，阐述了这一时期我国财政体制和财政政策的重点，梳理了早期支持环境保护的财政政策的内容。

一、新中国早期的生态环境问题

中华人民共和国成立之初，我国工业生产规模不大，对环境的破坏也比较小。当时的城市区域有限，所产生的环境问题是局部性的，环境污染程度不太严重，环境状况整体较好。

20世纪50年代开始，中国进入了大规模的工业化建设时期。为了满足重工业发展的需要，国家先后在黑龙江、吉林、内蒙古、新疆、云南、四川、陕西、甘肃、青海9个省区建设了国有林区，并投资建设了135个林业局，即森工采伐企业。其中东北和内蒙古3个省区重点国有林区84个，其他6省区51个。[①] 大量森林被大量采伐，

① 张志达等．天保工程全面停伐森工企业改革思路及若干政策问题［EB/OL］．http：//www.forestry.gov.cn/trlbh/1876/14784/3.html.

导致植被遭到破坏，水土流失，土壤被侵蚀，林区的主要城市出现了程度不同的工业污染和城市污染。这一时期的能源消耗增长率超过了经济增长率，单位 GDP 能耗上升了 32%。

“大跃进”运动中提出“以钢为纲，带动一切”的口号，在全国各地掀起了大炼钢铁的热潮，造成矿产资源粗放型开采，资源严重浪费。森林被砍伐，生态遭到破坏。随后开展的“农业学大寨”运动，不顾自然条件，盲目开山造田、毁林造田、填塘造田，人为地对生态系统进行改造，最终影响了农业生产的可持续发展，破坏了农村的生态环境。

“文化大革命”的爆发，使中国的国民经济到了崩溃的边缘，环境破坏和环境污染也达到惊人的程度。在“深挖洞，广积粮”和“备战备荒”战略决策指导下，国家经济建设和社会发展严重背离自然规律。在城市建设方面，提出“变消费城市为生产城市”的口号下，几乎所有的大中城市都兴建起了工业企业。一批重污染企业的建立和对工业污染的忽视，使工业生产过程中产生的废水、废气、废渣没有得到及时、有效的处理，直接影响了生态环境。加之城市发展没有规划、布局混乱，城乡环境污染程度严重。据一些主要城市的测定，每月每平方公里的降尘量在 100～400 吨，局部地区甚至高达上千吨。[①] 在农业生产方面，推行“以粮为纲”的方针，因地制宜发展农、林、牧、副、渔的客观规律被抛弃，单一的粮食生产成为农业经济的主导。全国各地开始毁林、毁牧、围湖造田、搞人造平原等，更有一些地区清除森林和草原以便种植粮食，导致生态环境破坏加剧，草原退化、沙化、水土流失严重。例如，内蒙古鄂尔多斯市的乌审召是当年被树立的“牧区大寨”，开地种树、种粮食、种牧草，引发水

① 李晓西．绿色抉择：中国环保体制改革与绿色发展 40 年［M］．广州：广东经济出版社，2017.

流减少、沙化面积增大、动植物种类减少。[①] 据统计，中华人民共和国成立初期，全国水土流失面积为116万平方公里，到了“文化大革命”后期，已经扩展到153万平方公里，约占国土面积的六分之一；黄土高原水土流失面积占该地区土地总面积的80%，长江流域水土流失面积占该流域土地总面积的20%，水土流失约淤积了全国水库总容量的四分之一。[②] 在“三线建设”[③] 中，实行了“靠山、分散、进洞”的方针，将许多排放有害物质的工厂建在了深山里，由于扩散条件差，造成了严重的大气、水质污染。

这一时期，中国人口急剧增长，人均耕地不断减少，人均资源再度下降，能源消费量猛增，迫使人们以更高的强度利用土地，不合理地开发资源，给环境带来了巨大的冲击和压力。

总之，从中华人民共和国成立后至改革开放前，中国走的是高投入、高消耗、高污染的粗放型工业化道路，发展重工业，忽视环境治理和生态保护，致使生态破坏严重，自然生态调节功能降低，自然灾害频发。环境质量的不断恶化，被污染的水源、空气、土壤、生物已经开始威胁国民的健康水平。

二、环境保护意识的萌芽与形成

中华人民共和国成立后，面对千疮百孔、一穷二白的烂摊子，党和政府需要解决的首要问题是人民的温饱问题。因此，中国选择了苏联工业化发展的模式，优先发展重工业，走赶超之路。在近30年里，

---

① 阿拉坦宝力格．从游牧文明走向工业文明的时候——演变中的“牧区大寨”神话故事［J］．广西民族大学学报（哲学社会科学版），2010（4）．

② 本书编委会．改革开放中的中国环境保护事业30年［M］．北京：中国环境科学出版社，2010．

③ “三线建设”：指自1964年起中华人民共和国政府在中国中西部地区13个省、自治区进行的一场以战备为指导思想的大规模国防、科技、工业和交通基本设施建设。由于“三线地区”社会经济落后，导致建设起来的企业在之后很长一段时期内经营发展都极为困难，但“三线建设”也为中国中西部地区工业化做出了极大贡献。

中国基本实现了国家工业化的初期目标，完成了国家工业化的原始积累，建立了比较完整的工业体系和国民经济体系。但重工业的快速发展是依靠高积累、高投入、高消耗来支撑的，由此带来了地下水污染严重、空气质量变差、节能减排压力增大等一系列严重的生态环境问题。

受当时客观环境的影响，党和政府的工作重心放在发展物质生产上，对环境问题没有给予足够的重视，也没有针对环境保护做出专门的部署。但是，党和国家领导人仍然具备了一定的环境保护意识，采取了一些保护环境的措施，提出了一些保护环境的理念。

20 世纪 50 年代，毛泽东同志提出“绿化祖国”的号召，推动“植树造林”运动，并出台了相关的制度和措施，各地的植树造林取得很大成就。20 世纪 60 年代，开展了增产节约、综合利用运动，这是党和政府根据社会经济发展的现实矛盾而探索出的具有中国特色的环境保护思想。20 世纪 70 年代，发达国家的环境问题越发突出，尤其是日本出现了大规模的反对环境公害的运动。当时中国人均 GDP 仅 100 美元左右，但也出现了严重的环境污染问题。面对触目惊心的环境污染和自然生态恶化，党和政府敏锐地意识到环境污染的严重性和环境治理的紧迫性，未雨绸缪，开启了中国环境保护事业的航程。

根据周恩来同志的指示，1972 年 6 月中国派代表出席了联合国环境大会。1973 年 8 月，在北京召开了第一次全国环境保护会议。这次会议首次承认我国也存在环境问题，并提出“三同时”原则：要求一切企业、事业单位在进行新建、改建和扩建工程时，其中防治污染和其他公害的设施，必须与主体工程同时设计、同时施工、同时投产。会议通过了我国第一个环境保护法规性的规定《关于保护和改善环境的若干规定（试行草案）》，并提出了“全面规划，合理布局，综合利用，化害为利，依靠群众，大家动手，保护环境，造福人民”的 32 字环境保护工作方针。第一次全国环境会议的召开，标志着中国环保事业的起步。1974 年 5 月，我国成立了国务院环境保护领导小组，该小组由当时的计划、工业、农业、交通、水利、卫生等相关部委领导组成，下设办公室。各省（市、自治区）和国务院有关部委也相继成立了环境管理机构和环境保护科研、监测机构。

在环境保护的制度建设方面，也取得了一些成果。1956 年国务院发布了《矿产资源保护条例》，1957 年发布了《水土保持暂行纲要》，1963 年发布了《森林保护条例》。国务院环境保护领导小组成立后，1974 年下发了《环境保护规划要点》，1975 年颁布了《关于环境保护的 10 年规划意见》，1976 年发布了《关于编制环境保护长远规划的通知》等文件，为后期有计划地逐步解决环境污染问题以及环境保护制度建设积累了经验、奠定了基础。

在环境治理方面，对环境污染严重的地区开展了重点治理。国务院环境保护领导小组成立后，开展了一系列污染调查工作，例如，1974 年蓟运河、富春江、白洋淀和官厅水库污染调查，1976 年湖北鸭儿湖和桂林漓江污染调查，1977 年黄海污染调查等。此外，1977 年对北京、天津、沈阳、太原、兰州等城市展开以消烟除尘为内容的城市大气污染治理。1978 年，国家计委、国家经贸委和国务院环境保护领导小组针对严重污染环境的工矿企业下达了限期治理项目。这些加强环境保护、治理城市烟尘、维护环境卫生等措施，取得了积极成效。

虽然党和国家对环境污染有了初步认识，也采取了一些应对措施，但是在当时的形势下，环境保护和环境治理的一切努力只能减缓局部地区或某些方面的污染程度，并不能阻止环境恶化的趋势。

三、初期的环境保护财政政策

从 1949 年中华人民共和国成立至 1978 年改革开放前，我国实行的计划经济体制，这一时期的财税体制可概括为“统收统支”，即高度集中的财税体制：地方政府的财政收入全部上缴，支出由上级政府统一拨付；国有企业的利润全部上缴，财务开支由财政部统一规定，企业亏损由财政部进行补贴；行政事业单位的经费由财政部统一拨付。随着中国社会经济形势的变化和发展，其间也有过几次大的调整与改革，但高度集中、统收统支的特征没有发生实质性的变化。这种制度安排能够充分调动国家资源，有利于在当时条件下集中财力、物力，进行大中型项目的建设，但中央统得过多、管得过死，限制了地方政府和国营企业的积极性，也不利于发挥财政在国民经济管理中的宏观调控作用。

这一时期，我国财政支出的重点主要用于支持工业和农业建设以及各项基础设施的建设，政府很少有直接用于环境保护的支出，通过财政政策支持环境保护的措施也很少。我国当时没有建立专门的环境保护方面的财政支出科目，财政支出中与环境保护相关的只有企业挖潜改造资金、科技三项费用以及治理工业“三废”等。财政收入中与环境保护有联系的税种有城镇土地使用税、车船使用牌照税、工商税等。对环境的投资主要体现为对新建、扩建、改建项目的“三废”治理工程的投资，以及对企业治理污染所需资金的投入以及城市排水管网的污水处理设施建设和其他基本建设项目资金的支持。

1976年，国家计委和国务院环境保护领导小组联合下发的《关于编制环境保护长远规划的通知》，首次对环境保护的资金渠道提出要求：一是新建、扩建、改建项目的“三废”治理工程所需资金，由各部门、各地区在建设投资中安排。二是现有企业污染治理所需资金，在“固定资产更新和技术改造资金”中解决。工程量大、费用多的治理项目，要纳入各部门、各地区的基本建设计划。国务院各部直属、直供企业，由各部安排解决，地方企业由地方负责安排解决。城市排水管网的污水处理设施建设，在城市建设费用中安排解决。三是凡属“三不管”的污染治理项目，所需资金在国家“五五”计划中已分配给各级地方政府的环境保护补助投资中解决。

由于当时环境保护的模式尚处于探索时期，这些与环境保护相关的财政配套措施并未形成体系，故无法对环境保护的发展起到显著作用。

第二节　环境保护制度的建设期

本节主要介绍从党的十一届三中全会至分税制改革前（1978～1992年）这段时期中国的环境污染和环境保护形势，党和国家对环境保护的重视以及环境保护体制建立和发展情况，重点梳理了这段时期我国支持环境保护的财政政策的情况。

一、生态环境开始恶化

1978年12月召开的中国共产党第十一届三中全会，标志着中国进入了改革开放的新时代。党和政府将工作重心转移到经济建设上来，发展生产力成为首要目标。这16年，是中国经济实力增长最快、人民得到实惠最多的时期。这期间，我国GDP年均增长率超过了9%，人均国内生产总值从1978年的381元增长到1993年的2998元，三次产业产值增长显著，尤其是第二产业和第三产业增长强劲。经济快速增长，工业化进程加快，在短短几十年内，走完了发达国家上百年才完成的工业化过程。

这一时期也是由计划经济向市场经济转型的时期，传统的粗放型增长方式成为经济发展的主要模式，由此带来了严重的环境污染和生态破坏等问题，并呈现出逐步恶化的趋势。

环境不断恶化，污染严重。主要体现为烟尘污染、水污染。工业排放产生的烟尘，使空气质量下降，在工业集中的地区，更为明显。全国50多个城市空气质量符合国家一级标准的很少，某些污染严重的城市，空气中总悬浮微粒浓度超过世界卫生组织标准十几倍。此外，空气中弥漫着大量的有害物质，如二氧化硫、二氧化碳、氮氧化物等，对人体健康危害极大。同时，以城市为中心的环境污染，通过乡镇企业不断向农村扩散。在工业污染方面，由中国企业排放的工业废水、废弃物所造成的污染，也非常严重。据不完全统计，20世纪70年代末期，全国大中型企业每年排放工业污水约150亿吨，其中90%以上未经处理直接排入江河湖泊，每年排放工业废渣2亿吨以上，大部分未经处理，使水源受到不同程度的污染。在全国27条主要河流中，有15条受到严重污染。[①] 城市地下水也污染严重，大部分城市都不同程度地受到污染。

资源浪费加大，生态环境恶化。我国的人口数量庞大，主要资源的人均占有量低于世界平均数值。以经济建设为中心的政策导向，加剧了开采和掠夺自然资源的速度。乱砍滥伐，毁林开荒，使森林资源日趋减少，自然灾害频发。草原开垦、开矿、过度放牧等，破坏了植被，使草原退化、沙化严重。当时，由于森林植被破坏造成的水土流失，仅黄河、长江每年带走的泥沙量就有26亿吨，相当于冲走了600万亩良田的表土。草原以每年10多万公顷的速率在退化，由此引发的水土流失也十分严重，全国有约1/3的耕地受到水土流失的危害。

经济增长付出了巨大的自然资源损失的代价，改革开放初期，自然资源损失和能源消耗占国民收入的比重高达10%以上，并在1981年达到顶峰，占比达到20%，[②] 这种状况极大地影响了人民生活质量的提高。

① 国家环保局．中国环境保护事业（1981~1985）［M］．北京：中国环境科学出版社，1988.

② 胡鞍钢．中国：创新绿色发展［M］．北京：中国人民大学出版社，2012.

二、环境保护体制的建立

随着经济增长与环境保护之间的矛盾越来越突出，生态环境形势越来越严峻，保护生态环境的要求越发迫切，党和政府将环境保护提上重要议事日程。

1. 环境保护成为基本国策

第一次全国环境会议，为我国环保事业的开展打下了基础。此后，1978 年 5 月通过了《中华人民共和国宪法》，在《宪法》中第一次对环境保护做出规定“国家保护环境和自然资源，防治污染和其他公害”。1979 年 9 月，颁布了中国的第一部环境保护基本法《中华人民共和国环境保护法（试行）》，标志着我国环境保护事业进入法制轨道，对后来环保事业的发展产生了深刻影响。1981 年 4 月，国务院在《关于在国民经济调整时期加强环境保护工作的决定》中指出：“管理好我国的环境，合理地开发和利用自然资源，是现代化建设的一项基本任务。”由此可见，党和政府对当时中国生态环境恶化的趋势有着清醒的认识，对生态环境问题的认识也已经比较深刻。

1983 年 12 月，国务院召开第二次全国环境保护会议，时任国务院副总理的李鹏同志在会上郑重宣布：保护环境是我国必须长期坚持的一项基本国策。为贯彻落实环境保护基本国策，会议要求经济建设、城乡建设和环境保护同步规划、同步实施、同步发展。实现经济效益、社会效益和生态效益的统一，即“三同步”“三统一”的环境与发展战略方针。1989 年的《政府工作报告》指出“切实加强环境保护，也是我国的一项基本国策。”1992 年的《政府工作报告》再次强调“计划生育和环境保护是我国的两项基本国策”，同年，党的十四大召开，“环境保护是基本国策”被写入报告。

2. 环境问题被纳入国民经济和社会发展计划

随着环境保护作为基本国策的地位确定后，其重要性日益显现。

"六五"计划对提高资源利用率，减少环境污染进行了详细规划，主要体现在几个方面：一是将环境保护纳入经济社会发展的基本任务；二是明确提出节约资源、降低能耗的目标和措施；三是确定了城市和工业环境污染治理的重点；四是强调要通过发展技术节能减排。

"七五"计划再次强调了环境保护的重要性，提出将资源节约、环境保护纳入经济发展的内在要求之中。明确了环境保护的具体目标，制定了加强森林和土地等资源的保护的相关规划与措施。

"八五"计划则明确指出："环境保护是一项基本国策，也是提高人民生活质量的一个重要方面。""八五"计划在提出的今后十年国民经济和社会发展的基本任务和方针政策中，多处涉及资源节约、环境治理和生态保护的内容。

从"六五"计划开始，我国将环境保护的内容纳入了国民经济和社会发展计划之中，资源节约和环境保护是国民经济和社会发展规划的重要内容已经成为惯例，并延续至今。

3. 成立国务院环境保护委员会和国家环境保护局

中国的环境保护管理机构是从无到有，从小到大逐步形成和发展起来的。

1973 年国务院成立了非常设机构——国务院环境保护领导小组办公室，并以中华人民共和国政府的名义，加入了联合国环境规划署。1974 年 5 月，由计划、工业、农业、交通、水利、卫生等有关部委领导组成的国务院环境保护领导小组成立，下设办公室，负责组织和管理全国的环保工作。1982 年 5 月国家机构改革，成立了城乡建设环境保护部（即：建设部），原来的国务院环境保护领导小组办公室改成环境保护局，归属于城乡建设环境保护部，并正式转入国家编制序列。1984 年 12 月，城乡建设环境保护部的环境保护局更名为国家环境保护局，但仍归属建设部管理。同年，国务院环境保护委员会成立，主要负责研究制定国家和地方的重大环境保护的方针、政策、规划条例等，领导、组织、协调全国的环境保护工作。

1988 年 7 月，国家环境保护局从城乡建设环境保护部分离出来，建立了国务院直属机构——国家环境保护局（副部级单位），成为一个独立的工作部门。至此，经过不断变迁，环境保护和环境治理有了专门的机构。

4. 环境保护法律制度的建立

党和政府在环境保护事业的起步阶段就意识到制度建设的重要性，邓小平在十一届三中全会闭幕式上的报告中提出，要制定森林法、草原法、环境保护法，因此，注重法律制度的建设是这一时期环境保护的显著特征。

1978 年 3 月，第五届全国人大 1 次会议通过的第三部《中华人民共和国宪法》，首次对环境保护作出了规定。1982 年 12 月，第五届全国人大 5 次会议通过的第四部宪法进一步增加了环境保护内容。环境保护写入宪法，推动了我国的环境立法进程，为我国建立环境保护法律体系设定了立法依据。

随后，国家出台了一系列有关环境保护的专门法律、自然资源法律、环境保护行政法规及部门规章和环境标准。

1979 年 9 月，第五届全国人大常委会通过了《中华人民共和国环境保护法（试行）》，这是我国第一部环境保护的基本法律。在《环境保护法（试行）》施行期间，我国先后制定了《中华人民共和国海洋环境保护法》（1982 年 8 月）、《中华人民共和国水污染防治法》（1984 年 5 月）、《中华人民共和国大气污染防治法》（1987 年 9 月）、《中华人民共和国标准化法》（1988）等。1989 年 12 月，第七届人大11次会议通过了正式的《中华人民共和国环境保护法》。

与此同时，中国不断加强自然资源的立法工作，先后制定了十几部与自然资源保护相关的法律，包括：森林、草原、渔业、矿产资源、水资源、土地资源、煤炭、水土保持、节约能源、防沙治沙、海域使用管理、城市规划、野生动物清洁生产等专项法律，这些法律的执行，对于环境保护和改善产生了积极影响。

国务院还先后制定和实施了数十部环境保护行政法规、近百个部门规章、数百项各类环境标准以及相关的政策和制度，如1989年第三次全国环境保护会议上形成的“三大环境政策”① 和“八项管理制度”②，时至今日，这些政策和制度仍然是我国现行环境法制的主体结构，并继续发挥着重要作用。

三、环境保护财政政策的探索

1978～1992年，是我国从计划经济体制向社会主义市场经济体制过渡的探索时期。财政体制改革作为中国总体改革的重要组成部分，经历了从“分灶吃饭”到“包干制”再到“分税制”的变化。与市场化的改革探索相适应，我国财政体制从中央放权让利、调动地方政府的积极性入手，由原来的“一灶吃饭”改为“分灶吃饭”，即包干制财政，以便扩大地方政府的自主权、调动地方的积极性。这一时期的财政改革，推动了市场经济体制的建立，改革了中央与地方的财政关系，改变了财政与国有企业、国家与农民的分配关系，政府职能和资源配置方式也发生了转变。

从20世纪70年代末到90年代初，我国的环境保护从单纯的污

---

① 三大环境政策：是指预防为主、防治结合，谁污染谁治理和强化环境管理的三大政策。

② 八项环境管理制度：即环境影响评价制度、“三同时”制度、排污收费制度、环境保护目标责任制度、城市环境综合整治定量考核制度、排污申报登记与排污许可证制度、污染限期治理制度、污染集中控制制度。

染治理开始向重视经济、社会与环境协调发展的方向转变。伴随着经济体制转型和财政体制改革，国家开始尝试运用法律、经济等手段解决各种环境问题，环境保护的财政政策，也开始探索以市场化的手段，促进环境保护的方式，主要体现在以下几个方面。

1. 建立排污收费制度

1982 年 2 月国务院发布《征收排污费暂行办法》（以下简称《办法》），自 1982 年 7 月 1 日起施行。该《办法》的发布施行，标志着我国排污收费制度的正式建立，随后排污收费工作在全国各地全面开展。《办法》规定，一切企业、事业单位都应当执行国家发布的《工业“三废”排放试行标准》，对超过上述标准排放污染物的企业、事业单位要征收排污费；对其他排污单位，要征收采暖锅炉烟尘排污费。《办法》同时规定，排污单位缴纳排污费，并不免除其应承担的治理污染，赔偿损害的责任。排污费的征税对象是排污单位所排放的废水、废气、废渣。征收的排污费，纳入预算内，作为环境保护补助资金，由环境保护部门会同财政部门统筹安排使用。为了使污水与噪声超标征收标准与现行的法规和标准配套，经国务院批准，1991 年 6 月国家环保局、物价局、财政部联合发布《关于调整超标污水和统一超标噪声排污费征收标准的通知》，调整、统一了相关的排污费征收标准。

2. 利用税收手段促进资源的合理利用

资源税制度的建立。20 世纪 80 年代中期，中国的经济增长很快，GDP 年度增长率均在 10% 以上，1984 年达到 15.2%，为改革开放以来的最高值。经济的发展，带来了对能源尤其是煤炭等自然资源的巨大需求，全国各地出现了乱采滥挖、掠夺性开采等破坏和浪费资源的现象。为保护自然资源，促进对资源的合理开发和利用，遏制乱挖滥采等行为，1984 年 10 月 1 日，国务院颁布了《中华人民共和国资源税条例（草案）》，我国正式开始征收资源税。当时，鉴于一些客观原因，资源税税目只有煤炭、原油、天然气、金属矿产品和其他非金属矿产品，征收范围相对较窄。在税率上，按超率累进税率计算缴纳资源税，对于销售利润率为12%和12%以下的，不缴纳资源税。随着资源产品销售利润率的下降，为了稳定资源税的收入，从1986年1月1日起，国务院决定在基本保持原税负的基础上，将资源税的征税办法由从价定率改为从量定额。1993年12月，国务院发布了《中华人民共和国资源税暂行条例》，至此，1984年9月发布的《中华人民共和国资源税条例（草案）》废止。

所得税有关环境的税收政策。1984年10月1日起实施的《中华人民共和国国营企业所得税条例（草案）实施细则》，首次从所得税方面加入了利用税收促进资源利用、保护环境的条款。两步利改税后，1985年4月颁布的《集体企业所得税暂行条例》也规定了对积极利用废水、废气、废渣等废弃物品为主要原料进行生产的，纳税人可在一定期限内或一定程度上给予减征、免征所得税的照顾。1991年7月1日施行的《外商投资企业和外国企业所得税法》也规定了相应的减、免税条款。

开征耕地占用税和土地使用税。为保护耕地，促进农业生产的发展，1987年4月1日，国务院发布《中华人民共和国耕地占用税暂行条例》，并于发布当日起施行。耕地占用税采用地区差别税率，在占用耕地环节一次性课征。为合理利用城镇土地资源，提高土地使用效益，加强土地管理，1988年9月，国务院颁布了《中华人民共和国城镇土地使用税暂行条例》，开始征收城镇土地使用税。城镇土地使用税根据各地区的经济发展水平，实行地区幅度差别定额税率，同时规定了对国家预算收支单位的自用地、国有重点扶植项目免税。耕地占用税和城镇土地使用税后期也都经历过多次调整，由于这两个税属于小税种，征收额不大，因此，从总体上看，对生态环境保护的作用有限。

征收城市维护建设税。为了使城市基础设施的建设与维护有稳定的资金来源，1985 年 2 月，国务院发布《中华人民共和国城市维护建设税暂行条例》。城市维护建设税属于附加税种，按照不同地区实行差别税率，且专款专用，是保证城市公用事业和公共设施正常运转的稳定的资金来源。

3. 明确环境保护资金渠道

1983 年 12 月召开的第二次全国环境保护会议，提出了落实环境保护资金渠道的要求。1984 年 6 月，城建部、国家计委、国家科委、国家经委、财政部、中国建行、中国工商行等多部门共同发布了《关于环境保护资金渠道的规定的通知》（以下简称《通知》），明确规定了环境保护资金的八条渠道：一是新建、扩建、改建工程项目（含小型建设项目），必须严格执行“三同时”的规定，并把治理污染所需资金纳入固定资产投资计划。二是各部门及企业所掌握的更新改造资金中，每年应拿出 7% 用于污染治理。三是大中城市按规定提取的城市维护费，要用于结合基础设施建设进行的综合性环境污染防治工程。四是企业交纳的排污费要有 80% 用于企业或主管部门治理污染源的补助资金。五是工矿企业为防治污染、开展综合利用项目所产产品实现的利润，可在投产后五年内不上交，留给企业继续治理污染，开展综合利用。六是关于防治水污染问题，提请列入国家长期计划。七是环境保护部门所需要的基本建设投资，纳入中央和地方的环境保护投资计划。八是环境保护部门所需科技三项费用和环境保护事业费，应由各级科委和财政部门根据需要和财力可能，给予适当增加。该《通知》的发布与执行，为环境保护和环境治理的顺利开展，提供了资金保证。

4. 设立污染源治理专项基金

为做好污染源治理，合理使用资金，提高资金的使用效益，1988

年7月，国务院发布《污染源治理专项基金有偿使用办法》（以下简称《办法》）。《办法》规定基金从重点排污单位污染源治理补助资金中提取，提取比例为20%～30%。基金实行有偿使用，委托银行贷款，同时规定该专项基金的贷款对象只限于缴纳超标准排污费的企业。《办法》还规定了基金的使用范围。

5. 开始了节能减排的政策探索

改革开放后，我国的能源供应严重短缺，已经开始制约国民经济的发展。从20世纪80年代起，我国就开始探索节约能源的政策措施。1986年1月，国务院发布了《节约能源管理暂行条例》（以下简称《暂行条例》），同年4月1日起施行。《暂行条例》从能源开发和节约并重的角度出发，从各个方面和环节规定了节能的措施。《暂行条例》要求，新建、改建和扩建工程项目，必须采用合理用能的先进工艺和设备，其能耗不应高于国内先进指标。《暂行条例》规定，企业节能技术改造资金，主要从企业折旧基金和留用的生产基金中支出。《暂行条例》还制定了优惠政策：对节能贷款实行优惠利率，并可由有关主管部门按国家规定给予贴息；允许贷款企业在缴纳所得税前，以新增收益归还。对节能效果显著、社会需要量大的产品，可以实行优质优价。经有关部门鉴定批准的节能新产品，在一定时期内免征产品税、增值税。

第三节　环境保护制度的发展期

本节主要介绍1992～2002年这段时期，中国的环境保护理念的发展与变化，可持续发展理念的提出，环境保护体制及其政策的不断推进以及这段时期我国支持环境保护的财政政策的变化情况。

一、可持续发展理念的提出

进入 20 世纪 90 年代，生态环境问题越来越受到国内外的关注与重视，逐渐变为世界性议题。

从国际上看，“冷战”结束后，环境问题逐渐成为世界各国的共同话题。温室效应、臭氧层破坏、气候变化、持久性有机物污染、海洋污染等一系列生态环境的变化，直接影响和关系到人类的生存与发展，需要各国一道携手解决。在这一背景下，1992 年 6 月，在巴西里约热内卢召开了联合国环境与发展大会。180 多个国家派代表出席了会议，时任国务院总理的李鹏参加了首脑会议，并签署了《里约环境与发展宣言》《21 世纪议程》等文件。与 1972 年的斯德哥尔摩联合国人类环境会议不同，里约联合国环境与发展大会对环境问题的看法发生了历史性的深刻变化，这次会议将环境问题与经济、社会发展问题结合起来，树立了环境保护与经济发展相互协调的观点，提出了可持续发展的理念。同时，会议将环境问题认定为全球性问题，并要求世界各国协同治理。会议结束后，各国政府纷纷根据可持续发展的要求调整本国的经济社会发展战略。以此次大会为契机，中国的环境保护工作也进入了新的发展阶段。

从国内形势看，党的十四大以来，随着社会主义市场经济体制的逐步确立，引起了整个社会的深刻变革。对环境产生的影响体现在：自然资源被货币化，土地、森林、煤炭、水资源等自然资源成为商品。在利益的驱动下，自然资源越发稀缺，价格随之上升，价格的上涨进一步刺激了对资源的开采。与此同时，从 20 世纪 90 年代初开始的大规模经济建设造成，资源、能源消耗量增大，直接导致污染物排放量的急剧增加。资源的掠夺性开采和大量消耗，造成生态环境持续恶化，并造成严重的经济损失。据有关学者估算，中国 1995 年的 GDP 总量是 61339.9 亿元，部分环境污染造成的经济损失大约占当年

GDP 总量的 3.1%。[①]

联合国环境与发展大会后，面对国内外的环境保护形势，党和政府认识到“我国经济发展基本上仍然沿用以大量消耗资源和粗放经营为特征的传统发展模式，这种模式不仅会造成对环境的极大损害，而且使发展本身难以持久”“转变发展战略，走可持续发展道路，是加速我国经济发展、解决环境问题的正确选择”[②]，提出了可持续发展的理念。在 1992 年召开的党的十四次代表大会上，首次将环境保护作为改革和建设的主要任务提出来，并进一步提出实现经济增长方式的转变。1996 年，在第四次全国环境保护会议上，江泽民做了“保护环境，实施可持续发展战略”的讲话。这是党和国家领导人第一次阐释可持续发展战略的地位和重要性。至此，可持续发展上升为国家战略并开始全面推进。在 1997 年和 1998 年的政府工作报告中，都提到了要正确处理经济发展与人口、资源、环境的关系。1999 年的政府工作报告则第一次将可持续发展战略摆到与农村经济发展、金融风险防范、国有企业改革同等重要的地位。同时，在“八五”计划、“九五”计划和“二〇一〇年远景目标”中，我国将可持续发展理念写入国民经济和社会发展的奋斗目标之中。

二、环境保护体制和政策的推进

1992 年联合国环境与发展大会后，中国政府开始关注环境保护问题，将可持续发展理念纳入国民经济和社会发展计划中，并通过加快立法进程、健全环境保护政策体系、加强环保机构建设等手段，推进可持续发展的进程。

---

① 郑易生等.90 年代中期中国环境污染经济损失估算［J］.管理世界，1999（2）.

② 国家环境保护总局，中共中央文献研究室编.新时期环境保护重要文献选编［M］.北京：中央文献出版社，中国环境科学出版社，2001.

1. 制定环境保护战略

1992 年 8 月，中共中央、国务院颁布了《中国环境与发展十大对策》，首次在中国提出实施可持续发展战略。

1993 年 10 月，在第二次全国工业污染防治会议上，提出了环境治理的“三个转变”，即从“末端治理”向生产全过程控制转变，从单纯浓度控制向浓度与总量控制相结合转变，从分散治理向分散与集中控制相结合转变。这标志着我国工业污染防治思路发生了新的变化。

1994 年 3 月，国务院讨论并通过了《中国 21 世纪议程——中国 21 世纪人口、环境与发展白皮书》（以下简称《议程》），从具体国情出发，提出了中国可持续发展的总体战略、对策及行动方案。《议程》提出要建立低消耗、高收益、低污染、高效益的良性循环发展模式。为推动《议程》的实施，同时制定了中国 21 世纪议程有限项目计划。

1996 年 7 月，召开的第四次全国环境保护会议明确提出“保护环境的实质就是保护生产力，要坚持污染防治和环境保护并举，全面推进环保工作。”会议将环境保护与工业污染防治放在同等重要的位置上，这对于部署跨世纪的环境保护目标和任务、实施可持续发展战略具有重要意义。

1998 年 11 月，国务院印发了《全国生态环境建设规划》（以下简称《规划》），要求各地因地制宜地制订本地区的生态环境建设规划。《规划》从我国环境保护和建设的实际出发，确立了我国生态环境建设的基本原则，提出了我国生态环境建设的近期、中期和远期目标，明确了我国生态环境建设的总体布局，确定了有限实施的重点地区和重点工程。

2000 年 11 月，国务院印发了国家环境保护总局会同有关部门制订的《全国生态环境保护纲要》（以下简称《纲要》）。《纲要》提出了全国生态环境保护的目标，确定了生态环境保护的基本原则，明确了生态环境保护的主要内容与要求。

2. 加强环保机构建设

1993 年 3 月，第八届全国人大第一次会议决定设立全国人大环境保护委员会，次年更名为全国人大环境与资源委员会，并保留至今。

随着党和国家对环境保护要求的提高及环境保护地位的提升，环境保护部门不断升格。1998 年 4 月国家环境保护局升格为正部级的国家环境保护总局。同年 6 月，国家核安全局并入国家环境保护总局，并新增加了 6 项职能，确立了环境污染防治、生态保护、核与辐射安全监管三大职能。各省、市、区也相继成立了环境保护专门机构。

为了加强各部门之间的联系，协调有关部门的职能，更好地促进环境保护工作的推进，2001 年 3 月，由国家环境保护总局牵头，建立了全国环境保护部际联席会议制度。同年 8 月，又正式建立生物物种资源保护部际联席会议制度。

3. 完善环境保护的法制建设

20 世纪 90 年代后，可持续发展成为世界各国的共识，我国也发布了《21 世纪议程》，要求建立体现可持续发展的环境保护法律体系，由此，我国加快了生态环保法制建设的步伐。

1993 年后，为了适应新的发展形势的需要，全国人民代表大会环境与资源保护委员会（以下简称“环资委”）陆续修订了《水污染防治法》（1996）、《大气污染防治法》（1995、1999）、《海洋环境保护法》（1999），新出台了《固体废物污染环境防治法》（1995）、《环境噪声污染防治法》（1996）、《防沙治沙法》（2001）、《清洁生产促进法》（2002）和《环境影响评价法》（2002）。这些法律的出台，初步构成了中国环境与资源保护的法律体系框架。

此外，在1997年3月修订的《中华人民共和国刑法》中，首次增加了“破坏环境资源保护罪”的相关内容，对“造成重大环境污染事故，致使公私财产遭受重大损失或者严重危害人体健康的”犯罪行为，做出了明确规定。对国家机关工作人员严重不负责任，“导致发生重大环境污染事故，致使公私财产遭受重大损失或者造成人身伤亡的严重后果的”违法行为，也做出了明确的处罚规定。

三、环境保护财政政策的选择

随着改革的深入和社会主义市场经济体制的逐步建立，包干制财政体制的弊端日益显现，表现为：中央财政恶化、控制力下降，企业竞争环境不公平。当时我国工商税制内外有别，不同所有制类型的企业所承担的税负不同，这不利于建立公平的市场环境。1993年11月，党的十四届三中全会通过了《中共中央关于建立社会主义市场经济体制若干问题的决定》（以下简称《决定》）。《决定》提出，按照统一税法、简化税制、公平税负和合理分权的原则，推进分税制改革，建立起与社会主义市场经济相适应的财政体制。1993年12月，《国务院关于实行分税制财政管理体制的决定》出台，进一步细化中央与地方的事权和财权划分、税收返还、配套改革和其他政策措施等。

1994年1月1日起，我国正式开始实施分税制财政管理体制。主要内容是划分中央和地方的事权与支出责任以及中央和地方的收入，确定中央财政对地方税收返还数额等。分税制改革对于理顺中央与地方的分配关系、加强税收征管、保证财政收入和增强宏观调控能力，都发挥了积极作用。

1998年12月，国务院提出在我国建立公共财政体制的思路与原则，随后，预算编制改革、国库管理制度改革、财政支出改革相继展开。2001 年，开始进行所得税分享改革，2002 年，进行出口退税和省以下财政管理体制改革。随着财政体制的改革和完善，公共财政体制的框架也逐步建立起来。

在分税制改革中，我国运用财税政策调节资源利用与环境消费，初步调整和完善了环境保护财政政策体系的框架。

1. 调整、完善排污收费制度

排污收费是我国最早实行的环境保护管理制度之一，自 1982 年实施以后，取得了良好效果。1991 年 6 月，统一了全国污水排污费征收标准。

为加强对工业企业排放二氧化硫的控制，1992 年，我国开始在广东、贵州省和重庆、宜宾、南宁、桂林、柳州、宜昌、青岛、杭州、长沙市（2 省 9 市）开展二氧化硫排污收费试点。1996 年，在此基础上，将二氧化硫排污收费试点地区扩大到酸雨控制区和二氧化硫污染控制区，二氧化硫排污费的征收范围，由原来的“2 省 9 市”扩大到“2 控区”。此次试点工作扩大了排污收费的征收范围。

1993 年 7 月，国家计委、财政部发布《关于征收污水排污费的通知》，对未超标的污水排放企业征收排污费，并首次体现总量控制的政策导向。1998 年，在郑州、杭州、吉林三个城市进行了总量排污收费试点。由此，实现了排污收费方式的转变，即由超标收费转为排污收费，由单一浓度收费转为浓度与总量向以“排放污染物的种类和数量征收排污费”的总量收费制度，为后来的排污收费制度的建立奠定了基础。

2. 实行有利于生态环境的税收政策

首先是改革资源税。分税制改革后，资源税制度在此次改革中得到了进一步的完善。1993 年 12 月，国务院发布《中华人民共和国资源税暂行条例》，自 1994 年 1 月 1 日起施行。这次改革建立了我国资源税制度的基本框架，此后多年一直保持相对稳定。新颁布的暂行条例将盐合并到资源税中，扩大了资源税的征收范围，征税对象包括原油、天然气、煤炭、其他非金属矿原矿、黑色金属矿原矿、有色金属矿原矿和盐 7 大类，并实行从量定额征收办法。资源税课税数量为纳税人的应税产品销售数量（或自用数量），同时规定了减征或者免征资源税的条款。经过分税制改革，资源税被划分为地方税，成为地方政府财政收入的稳定来源。

其次是开征新税种。为了规范土地、房地产市场交易秩序，合理调节土地增值收益，1993 年 11 月，国务院颁布《中华人民共和国土地增值税暂行条例》，开始对转让房地产并取得收入的单位和个人征收土地增值税。1995 年 1 月，财政部出台了《中华人民共和国土地增值税暂行条例实施细则》，对相关问题进行了规定。土地增值税实行四级超额累进税率，土地增值税所得收入归地方政府所有。

另外，对促进环保的行为给予税收优惠。在颁布的有关生态环境的税收法律、法规中，推出了很多鼓励环境保护的税收优惠政策。1995 年 4 月，财政部、国家税务总局联合发布了《关于对部分资源综合利用产品免征增值税的通知》，对企业在生产中合理利用工业废渣、废液的产品，在 1995 年年底以前免征增值税。2000 年 4 月，国家税务总局发布《关于淘汰消耗臭氧层物质生产线企业取得的赠款免征企业所得税的通知》，规定："凡经国家环保总局通过招标确定需要淘汰消耗臭氧层生产线企业所获得的'议定书'多边基金的赠款，经国家税务总局批准，可视为有指定用途的基金，免予征收企业所得税。"此外，对节能环保企业实行所得税"三免三减半"政策，对脱硫产品增值税减半征收，对污水、再生水、垃圾处理行业免征或即征即退增值税，对低污染排放小汽车减征消费税，等等，以此推动环境保护与环境治理。

3. 探索生态保护的财政政策

为保护生态环境，防止水土流失、土壤沙化的进一步扩展，

1999 年，我国开始在水土流失严重的四川、陕西、甘肃等地区实施退耕还林还草工程的试点。2000 年 3 月，经国务院批准，退耕还林试点在中西部地区 17 个省（区、市）和新疆生产建设兵团的 188 个县（市、区、旗）正式展开。2000 年 9 月，国务院下发《关于进一步做好退耕还林还草试点工作的若干意见》，提出：国家无偿向退耕农户提供粮食、生活费补助，提供种苗造林补助费；国家保护退耕还林者享有退耕地上的林木（草）所有权；退耕地还林后的承包经营权期限可以延长到 70 年；对应税的退耕地，自退耕之年起，对补助粮达到原收益水平的，国家扣除农业税部分后再将补助粮发放给农民；停止粮食补助时，不再对退耕地征收农业税等具体措施，完善退耕还林还草政策，充分调动广大群众的积极性。

财政部门积极响应、认真执行国家的退耕还林工程。在 2000 年 10 月，会同有关部委分别出台了《关于退耕还林还草试点地区农业税政策的通知》《退耕还林还草试点粮食补助资金财政财务管理暂行办法》等文件，在政策上予以支持。

4. 实行鼓励出口的贸易政策

为了应对 1997 年爆发的亚洲金融危机，我国从 1998 年开始实施积极的财政政策。1998 ~ 1999 年，我国数次提高出口退税率，运用出口退税机制，保护和促进国内的环保行业的发展。1998 年 6 月，财政部、国家税务总局发布《关于提高煤炭、钢材、水泥及船舶出口退税率的通知》（以下简称《通知》），按照《通知》要求，煤炭出口退税率调高至 9%，钢材出口退税率调高为 11%，水泥出口退税率调高为 11%，船舶出口退税率调高至 14%。1999 年 7 月，财政部、国家税务总局发布《关于出口煤炭有关退（免）税问题的通知》，进一步将煤炭出口退税率由 9% 提高到 13%。1999 年 8 月，财政部、海关总署、国家税务总局再次发文《关于对国家计划内出口的原油实行退税的通知》，决定对国家计划内出口的原油实行退税，退税率为13%。

5. 加大环境投资力度

随着我国对环境保护重视程度的提高，财政对环境的投资力度逐渐增加。1995年，财政的环境投资总额达到1010亿元，占当年GDP的1.02%，首次突破了1%。[①] 同时，政府还通过发行国债的方式投资环境基础设施建设，1998年，首次增发100亿元长期国债，重点投向于环境基础设施建设。1999年增发国债600亿元，其中138亿元投入城市环保基础设施建设、“三河三湖”污染治理和北京环境综合整治等项目中，占全部国债总额的23%。据统计，1998~2000年，中央财政发行的长期国债中，有460亿元用于城市环境基础设施建设项目。[②] 在财政投资的拉动下，社会资本也积极参与到环保投资领域中。

6. 建立政府绿色采购制度

1989年国务院颁布的《中华人民共和国环境保护法》和1999年4月财政部发布的《政府采购管理暂行办法》都对绿色采购作了原则性的规定。2002年6月，第九届全国人民代表大会常务委员会第28次会议通过的《中华人民共和国政府采购法》明确提出“政府采购应当有助于实现国家的经济和社会发展政策目标，包括保护环境，扶持不发达地区和少数民族地区，促进中小企业发展等。”，为政府绿色采购奠定了法律基础。

---

① 李晓西．绿色抉择：中国环保体制改革与绿色发展40年［M］．广州：广东经济出版社，2017.

② 吴家萌．经济周期不同阶段下环境财政政策的选择［D］．江苏：南京财经大学，2016.

第四节　环境保护制度的完善期

本节主要介绍2002～2012年这段时期，党和政府在环境保护理念上的突破和发展，科学发展观的提出和确立以及在建立“两型社会”“和谐社会”过程中环保体制和环保政策的深化。在此基础上，梳理了2007年收支科目改革后，“211环境保护”科目的设立情况和支持环境保护的财政政策的变化情况。

一、科学发展观的确立

2002～2012年，是我国环境保护最为艰巨的11年。这期间，中国经济高速增长，据公开资料显示，2002～2012年，中国的GDP年均增长率达到10.43%，其中有6年在10%以上。各地为了发展经济，纷纷上马钢铁、水泥、化工、煤电等高排放、高耗能的重化工项目，致使能源全面紧张，污染物排放居高不下，污染事件频发，引发的群体事件加速上升。仅2003年，全国就发生17起特大和重大污染事件，造成249人死亡，600多人中毒，波及民众近3万人。此后几乎每年都会发生污染事件，严重影响到社会的稳定。这段时期，中国人口以每年增加1600万左右的速度持续增长，对资源的需求造成压力。

进入21世纪，为了解决经济和环境协调发展的问题，中国共产党总结了改革开放以来的经验教训，借鉴发达国家在工业化过程中的成败得失，在关于可持续发展思想的基础上，提出了科学发展观这一战略思想。2003年8月，胡锦涛同志在江西考察调研时，第一次提出“科学发展观”。同年10月，在党的十六届三中全会上，胡锦涛同志全面阐释了科学发展观的内涵——“坚持以人为本，树立全面、协调、可持续的发展观，促进经济社会和人的全面发展”。会议还提出了“统筹城乡发展、统筹区域发展、统筹经济社会发展、统筹人与自然和谐发展、统筹国内发展和对外开放”的新要求。党的十七大明确将科学发展观作为党的指导思想写入党章，这是党的执政理念的重要升华。

为全面落实科学发展观，提高资源环境保障能力，实现国民经济又快又好地发展。我国开始建设“两型社会”[①] 与“和谐社会”。党的十七大提出：“必须把建设资源节约型、环境友好型社会放到工业化、现代化发展战略的突出位置，落实到每个单位、每个家庭[②]”。“和谐社会”的思想则最早出现在党的十六大报告中，党的十六届四中全会通过的《中共中央关于加强党的执政能力建设的决定》中，阐释了“和谐社会”的内涵，即民主法治、公平正义、诚信友爱、充满活力、安定有序、人与自然和谐相处。“两型社会”与“和谐社会”是在科学发展观理念指导下的重要战略思想，日益成为各级政府决策的依据，越来越多的地方结合当地的资源禀赋、经济发展状况，开展了实践活动。

科学发展观的建立，促进了环境保护理念的转变。2006 年 4 月，第六次全国环境保护大会召开，温家宝同志发表了重要讲话，强调在新的形势下，环保工作要实现三个转变：一是从重经济增长轻环境保护转变为保护环境与经济增长并重，把加强环境保护作为调整经济结构，转变经济增长方式的重要手段，在保护环境中求发展；二是从环境保护滞后于经济发展转变为环境保护和经济发展同步，努力做到不欠新账、多还旧账，改变先污染后治理、边治理边破坏的状况；三是从主要用行政办法保护环境转变为综合运用法律、经济、技术和必要的行政办法解决环境问题，自觉遵循经济规律和自然规律，提高环境

① 两型社会：指资源节约型、环境友好型社会。

② 中共中央文献研究室．十七大以来重要文献选编（上）［M］．北京：中央文献出版社，2009.

保护工作水平。这三个转变是对我国经济与环境关系的根本性调整，也是我国环境保护的一次历史性转变。

二、环境保护体制和政策的进展

这一时期，党和政府将生态环境问题放到突出地位，将资源、环境和生态问题作为经济社会发展的首要问题，将生态环境保护要求纳入国家重大战略之中。生态环保的理念和环境治理举措，都发生了重大转变。

1. 环境保护战略的变化

2002 年 1 月，第五次全国环境保护会议在北京召开，会议要求把环境保护工作摆到同发展生产力同样重要的位置。

2005 年 12 月，国务院发布了《关于落实科学发展观加强环境保护的决定》（以下简称《决定》），《决定》要求“把环境保护摆上更加重要的战略位置”，提出“用科学发展观统领环境保护工作”，确立的“以人为本、环保为民”的宗旨，成为指导我国经济社会与环境协调发展的纲领性文件。

2006 年 3 月，十届全国人大四次会议批准了国家“十一五”规划纲要，其提出两个约束性指标：“十一五”期间单位国内生产总值能源消耗降低 20% 左右；主要污染物排放总量减少 10%。这是国家在五年规划中首次提出的两个约束性环保指标。2011 年 3 月发布的国家“十二五”规划纲要增加了资源环境方面的约束性指标，包括：单位工业增加值用水量降低 30%，非化石能源占一次能源消费比重达到 11.4%，化学需氧量、二氧化硫排放分别减少 8%，氨氮、氮氧化物排放减少 10%。

2006 年 4 月，召开的第六次全国环境保护大会提出了环境治理理念的“三个转变”，这标志着“我国环境与发展的关系正在发生战略性、方向性和历史性转变，环境保护成为优先经济增长的重要选项”。①

2007年10月召开的党的十七大，首次在报告中提出“建设生态文明”，并将生态文明建设作为一项战略任务和全面建设小康社会新目标予以明确。

2007年10月，全国人大常委会通过了修改后的节约能源法，新的节约能源法规定：“国家实施节约与开发并举、把节约放在首位的能源发展战略。”这表明节约能源成为基本国策。

2011年12月，国务院召开第七次全国环境保护大会。会上印发了《关于加强环境保护重点工作的意见》和《国家环境保护“十二五”规划》。李克强在大会上强调，加强环保可以倒逼经济转型，是转方式的重要内容，也是检验转方式成效的重要标志，说明我国政府对环境保护的认识在逐步深入。

通过前面的梳理我们看到，1992~2012年，通过4次全国环保大会，尤其是党的十六大提出科学发展观、党的十七大提出生态文明建设的战略任务，使环境保护的地位不断提高，环境保护与经济发展的关系，在理论上已经处于同等高度。

2. 加强环保机构建设力度

环境保护作为我国社会经济发展的首要问题，纳入了国民经济和社会发展战略之中，环境保护机构建设也不断完善。

2003年10月，中央编办同意国家环保总局撤销监督管理司，改设环境影响评价管理司，增设环境监察局，并增加了人员编制。至此，国家环境保护总局内设职能机构变为11个，行政编制增至215人。

2007年国务院成立了应对气候变化及节能减排领导小组，由温

---

① 中国科学院可持续发展战略研究组.2013中国可持续发展战略报告：未来10年的生态文明之路［M］.北京：科学出版社，2013.

家宝担任组长，国务院副总理担任副组长。

2008 年 3 月，十一届全国人大一次会议在《国务院机构改革方案》中明确，为加大环境保护政策、规划和重大问题的统筹协调力度，决定组建环境保护部。2008 年 7 月，国务院办公厅印发环境保护部“三定”方案。根据“三定”方案，环境保护部在原国家环保总局的基础上，强化了综合、协调职能，加强了机构编制，这标志着中国环境保护体制进入新的发展时期。

3. 环境保护的法律建设

本阶段，在法律层面，我国陆续制定或修订并实施了《环境影响评价法》(2003 年)、《放射性污染防治法》(2003 年) 和涉及循环经济的《清洁生产促进法》(2003 年)、《节约能源法》(2008 年)、《可再生能源法》(2006 年)、《循环经济促进法》(2009 年) 等多项法律法规。

在规范性文件方面，国务院先后颁布、出台了《国务院关于落实科学发展观加强环境保护的决定》(2005 年)、《国务院关于加快发展循环经济的若干意见》(2005 年)、《国务院关于完善退耕还林政策的通知》(2007 年) 等涉及环境、自然资源、节能减排的多份文件。

此外，2011 年，我国先后出台了《“十二五”节能减排综合性工作方案》《国家环境保护“十二五”规划》等，对我国“十二五”期间的环境保护任务及目标提出了具体要求。

截至 2011 年年底，我国已经制定了 11 部以防治环境污染为主要内容的法律法规，13 部以自然资源管理和合理使用为主要内容的法律，12 部以自然（生态）保护、防治生态破坏及防治自然灾害为主要内容的法律；60 多项环境保护行政法规；2000 余件环保规章和地方环保法规；1100 多项环保标准。本阶段，我国已经初步形成生态环境法律体系，环境法已经成为我国环境保护和可持续发展的重要基础和支柱。

三、环境保护财政政策的选择

1994 年实行的分税制改革初步建立了适应市场经济的财政体制，但财政支出仍处于“大包大揽”状态。1998 年，国务院提出构建我国公共财政体制的设想。2003 年 10 月召开的十六届三中全会提出了健全和完善公共财政体制的战略目标，逐步实现从生产建设型财政向公共服务型财政的转变。随后，我国开始调整财政支出结构，加大公共服务投入，推进公共预算管理制度改革，形成了包括环境保护在内的全方位公共服务体系。2005 年 12 月，在多次研究、试点取得经验的基础上，经国务院批准，政府收支分类改革正式进入实施阶段。政府收支分类改革主要包括：对政府收入进行统一分类；建立新的政府支出功能分类体系；建立新型的支出经济分类体系。在这次改革中，设立了环境保护的独立账户。此外，自 2004 年起，新一轮的税制改革陆续启动。按照“简税制、宽税基、低税率、严征管”的原则，分步对现有税制进行结构性改革，并开始研究开征环境保护税等新税种。

这期间，为应对国际金融危机的冲击，保持我国经济稳定较快地发展，2008 年 11 月，党和政府将稳健的财政政策调整为积极的财政政策，并出台了扩大内需、稳定外需、促进经济增长的一揽子计划。粗略估算，实施这些措施，到 2010 年年底约需投资 4 万亿元，加强环境建设也在投资计划之列。

在科学发展观、建立“两型”社会、转变经济发展方式等重大战略决策的指导下，在国内外经济形势的倒逼下，在“四万亿计划”的促进下，环境保护的财政政策建设进入发展的“快车道”，政策体系也逐渐完善。

1. 排污收费制度的确立和实施

自1982年我国建立排污收费体系以来，一直没有做大的政策调整，许多规定已不符合当前经济发展和财政管理体制的要求。2003年1月，国务院发布了《排污费征收使用管理条例》，自2003年7月1日起施行。随后财政部会同国家发展计划委员会、国家环保总局等相关部委制定了《排污费征收标准管理办法》和《排污费资金收缴使用管理办法》（以下简称《管理条例》），并自2003年7月1日起施行。与原来的排污费征收法规制度相比，新的《管理条例》和配套政策，不仅扩大了征税对象和征收范围，改革了征收方式，加大了处罚力度，更主要的是对排污费的使用和管理做出了具体规定：将排污费收入与环保机构经费支出脱钩，实行“收支两条线”管理，即征收的排污费直接上缴国库，纳入财政预算作为环境保护专项资金，全部用于环境污染治理。排污费收费制度的实施，为我国污染治理提供了资金保障，极大地促进了我国生态环保事业的发展。直到2018年1月1日，环境保护税正式开征，施行了近40年的排污收费制度才正式退出了历史舞台。

2. 推进相关税收制度的改革

完善资源税。随着我国经济的快速发展，1994年确立的资源税制度已经不能适应形势的需要，体现在：一是由于资源产品价格的上涨，从量定额征税不能反映资源产品的价格变化，从而弱化了征收资源税的意义。二是资源税征收税率过低，导致企业的发展过分依赖资源投入，忽视技术创新，进而造成资源浪费。2000年以后，政府在资源税税额标准、减免税优惠等方面进行过一些微调。2010年6月1日财政部、国家税务总局发布了《新疆原油天然气资源税改革若干问题的规定》的通知，决定在新疆率先进行资源税改革试点。改革的主要内容是将原油、天然气资源税由从量计价改为从价计征。同年

12 月 1 日，原油、天然气资源税从价计征改革试点由新疆扩大至内蒙古、甘肃、四川、青海、宁夏等 12 个西部省区。2011 年 10 月 10 日，国务院正式发布《关于修改〈中华人民共和国资源税暂行条例〉的决定》，要求从 11 月 1 日起将原油、天然气从价计征改革推向全国。

其他相关税种的改革。一是开征车船税。2006 年 12 月国务院发布《中华人民共和国车船税暂行条例》，将车船使用牌照税和车船使用税合并为车船税，并自 2007 年 1 月 1 日起施行。后经反复研究和沟通，在多年实践的基础上，2011 年 11 月国务院通过了《中华人民共和国车船税法实施条例》，自 2012 年 1 月 1 日起施行。二是修订和完善了《中华人民共和国城镇土地使用税暂行条例》《中华人民共和国耕地占用税暂行条例》。三是改革消费税。为了遏制环境恶化的趋势，消费税增加了保护环境的功能。1994 年开始征收的消费税中，与环境相关的税目较少，税率较低。为了更好地发挥消费税的调节作用，2006 年 5 月，财政部、国家税务总局联合发布了《关于调整和完善消费税政策的通知》，对消费税税目、税率及相关政策进行了大规模调整。这次调整突出了促进环境保护和节约使用资源的导向，增加了对高耗能、高污染产品的征税。例如，扩大石油制品征税范围，对木制一次性筷子、实木地板征收消费税以及对小汽车税率结构进行调整等都是这方面的具体体现。通过对税目、税率等的改革，消费税在引导社会消费、贯彻国家产业政策、保护生态环境、合理使用和节约能源等方面产生了积极影响。

3. 设立各项财政环保专项资金

2004 年起，我国开始设立中央环境保护专项资金，支持环境保护、环境治理、节能减排、环境监管能力建设等方面的工作。

2007 年 4 月，为了支持国家确定的主要污染物减排工作，中央财政设立主要污染物减排专项资金，并由财政部和国家环保局共同管理。该专项资金主要用于支持中央环境保护部门履行政府职能而推进的主要污染物减排指标、监测和考核体系建设，以及用于对主要污染物减排取得突出成绩的企业和地区的奖励。

2009 年 8 月，为支持城镇污水处理设施建设，提高城镇污水处理能力，中央财政设立城镇污水处理设施配套管网建设以奖代补专项资金。同时规定，中央财政对专项资金分配采取以奖代补方式，实行专项转移支付。

2011 年 6 月，中央财政从一般预算资金（含车辆购置税交通专项资金）中安排用于支持公路水路交通运输节能减排项目实施的资金，即交通运输节能减排专项资金（以下简称专项资金）。该专项资金纳入财政预算管理，并由财政部门和交通部门共同监督管理。

2012 年 7 月，中央财政预算安排循环经济发展专项资金，专门用于支持循环经济重点工程和项目的实施、循环经济技术和产品的示范与推广、循环经济基础能力建设等方面。

此外，财政部还设立了重点流域水污染治理专项资金、农村环境保护专项资金、重金属专项资金、天然林资源保护工程财政专项资金等，环境保护专项资金的设立为我国环境保护事业的发展，提供了有力的资金保障。

4. 设立环境保护财政支出科目

2007 年之前，我国政府收支分类科目中没有单独设立环境保护财政支出账户，与环境保护相关的财政支出散落在基本建设、农业、林业等方面的支出中。

2007 年，我国实行了政府收支分类改革，在支出功能分类科目中首次设立了“211 环境保护”（2011 年后更名为“节能环保”）科目，专门用来反映政府环境保护支出。“211 环境保护”下设“环境保护管理事务、环境监测与监察、污染防治、自然生态保护、天然林保护、退耕还林、风沙荒漠治理、退牧还草、已垦草原退耕还草、其他环境保护支出”10款，包含48项具体支出。从此，我国的生态环保工作有了独立的“类、款、项”财政专项支出，也标志着生态环保工作进入了新的发展阶段。

随着中国对环境保护的日益重视和工作重点的不断变化，211类支出的款、项进行了多次调整和完善，2009年将环境保护支出功能扩大到节能方面，增加了“能源节约利用、污染减排、可再生能源、资源综合利用（2015年后改为‘循环经济’）”4款节能支出，也调整了项的设置。2010年又新设了“能源管理事务”1款支出。由于能源节约和污染防治逐渐成为支出的重点，2011年将“环境保护”更名成“节能环保”，以便能更准确地反映财政支出的功能和方向。此后，“211节能环保”进行了进一步简化、增设、删减，到2019年，其下设的“款级”科目数量为15个，“项级”科目数量为63个。至此，基本形成了比较稳定和完善的环境保护财政支出结构。

5. “四万亿计划”中的环保建设

2008年，为应对国际金融危机，阻止我国经济的下滑趋势，国务院决定实施“四万亿投资计划”，并确定了进一步扩大内需、促进经济增长的十项措施，加强环境建设也被纳入其中。在“四万亿投资”中，直接用于节能减排和环境工程的投资约2100亿元，占总投资额的5.25%，在其他领域的投资也会对环境保护产生积极影响。例如，农村基础设施建设，可以推动美丽乡村建设，改善农村生态环境；自主创新和结构调整，可以提升科技能力，淘汰落后产能，加快产业转型；灾后恢复重建，可以促进人与自然和谐相处。

6. 推进政府绿色采购制度

为有效推动政府绿色采购工作，2004年12月，财政部与国家发展和改革委员联合发布了《节能产品政府采购实施意见》和《节能产品政府采购清单》，规定：政府采购属于节能清单中产品时，在技术、服务等指标同等条件下，应当优先采购节能清单所列的节能产品。2006 年 10 月，财政部会同国家环保总局印发《关于环境标志产品政府采购实施的意见》，进一步要求：各级国家机关、事业单位和团体组织（以下统称采购人）用财政性资金进行采购的，要优先采购环境标志产品，不得采购危害环境及人体健康的产品。同时，两部门发布了首批《环境标志产品政府采购清单》。上述两个文件对政府绿色采购的范围、工作程序和具体的监督管理方式都提出了明确的要求，这也标志着我国政府绿色采购制度的正式实施。2007 年 3 月，财政部、国家环保总局对绿色采购清单进行了调整，发布了第 2 批环境标志产品政府采购清单，此后每年根据实际情况，发布新的政府采购清单。2012 年 11 月，民政部、财政部联合印发《关于政府购买社会工作服务的指导意见》，要求组织开展政府购买社会工作服务。2015 年 1 月，国务院颁布了《中华人民共和国政府采购法实施条例》，政府采购制度更加完善。

7. 其他与环境保护相关的财政政策

这期间，财政部还联合其他相关部门发布了《关于部分资源综合利用产品增值税政策的补充通知》《节能技术改造财政奖励资金管理办法》《国家重点生态功能区转移支付办法》等政策，不断探索和创新支持生态环保的财政政策的方式和途径。

第五节　生态文明建设的成熟期

本节主要介绍党的十八大（2012 年）以来，随着党和政府对生态文明建设认识的进一步深化，生态文明建设的地位逐渐确立，构建并完善了生态环境治理制度体系。在此基础上，我国支持生态文明建设的财政政策也发生了很大变化，绿色发展理念融入国家财政政策之中。

一、生态文明建设理念的确立

党的十七大报告第一次提出了“生态文明”的理念，经过五年的理论和实践探索，生态文明建设的基本构想和整体布局基本形成。党的十八大做出“大力推进生态文明建设”的战略决策，将生态文明建设提高到前所未有的战略高度。党的十八大后，以习近平总书记为核心的党中央将生态文明建设作为统筹推进“五位一体”总体布局和协调推进“四个全面”[①] 战略布局的重要内容，由此，我国环境保护工作进入了一个新的发展阶段。

党的十八大报告中提及，要把生态文明建设放在突出地位，努力建设美丽中国。党的十八大首次提出“五位一体”[②] 格局，强调把生态文明建设融入经济建设、政治建设、文化建设、社会建设各个方面和全过程。党的十八大报告还全面阐释了生态文明建设的地位、目标和战略部署，通过了将“生态文明建设”写入党章的决议。

2017 年 10 月召开的党的十九大进一步强调，建设生态文明是中华民族永续发展的千年大计，加快生态文明体制改革，坚定走生产发展、生活富裕、生态良好的文明发展道路，建设美丽中国，为人民创造良好生产生活环境，为全球的生态安全做出贡献。2018 年 3 月，经十三届全国人大一次会议表决通过，生态文明被写入宪法，表明我国对生态文明的认识达到了新的高度。

党的十八大以后，习近平总书记将生态文明建设与国家的兴亡、

---

① 四个全面：指即全面建成小康社会、全面深化改革、全面依法治国、全面从严治党。

② 五位一体：指经济建设、政治建设、文化建设、社会建设、生态文明建设五位一体。

民族的延续联系起来，他围绕“人与自然和谐共生”这一本质要求，从全方位、多角度阐释了“人—自然—社会”的辩证统一关系，提出了一系列生态文明建设的新理念、新思想、新论断，形成了丰富、系统的习近平生态文明思想。

一是人与自然是和谐共生的生命共同体。习近平生态文明思想，汲取了中华古代思想家的智慧，继承和发展了马克思主义生态观，创造性地提出“人与自然是生命共同体”“生态兴则文明兴，生态衰则文明衰”的论断。他强调，在新时代坚持和发展中国特色社会主义基本方略中坚持人与自然和谐共生是其中一条基本方略。习近平总书记的这些重要论断，阐明了人与自然的内在联系，奠定了人与自然和谐发展的基础，是对人与自然关系的精辟诠释，也是我们处理自然与人类文明关系时的根本遵循。

二是“绿水青山就是金山银山”。2005 年 8 月，时任中共浙江省委书记的习近平同志在浙江省安吉县考察时，第一次提出了“绿水青山就是金山银山”的发展理念。2006 年 3 月，习近平同志在中国人民大学通过阐述“绿水青山”和“金山银山”的辩证统一关系来说明经济发展与生态文明建设的内在联系，他指出，对“两座山”之间关系的认识经历了三个阶段：第一个阶段是用绿水青山去换金山银山，不考虑或者很少考虑环境的承载能力，一味索取资源；第二个阶段是既要金山银山，但是也要保住绿水青山；第三个阶段是认识到绿水青山可以源源不断地带来金山银山，绿水青山本身就是金山银山。2013 年 9 月，习近平总书记在哈萨克斯坦纳扎尔巴耶夫大学演讲时，做出了更为全面、深刻和清晰的阐述：“我们既要绿水青山，也要金山银山。宁要绿水青山，不要金山银山，而且绿水青山就是金山银山。”习近平总书记对“绿水青山”和“金山银山”的论述，从不同角度阐明了发展经济与保护生态之间的辩证统一关系，揭示了“保护生态环境就是保护生产力，改善生态环境就是发展生产力”的道理，旗帜鲜明地反对以牺牲生态环境换取经济发展的做法。

三是良好生态环境是最普惠的民生福祉。2013 年 4 月，习近平总书记在海南考察时指出："良好生态环境是最公平的公共产品，是最普惠的民生福祉。"同年 5 月，在党的十八届中央政治局第六次集体学习时他进一步强调："建设生态文明，关系人民福祉，关乎民族未来。"2015 年 3 月，习近平总书记在参加十二届全国人大江西代表团审议时提出"环境就是民生，青山就是美丽，蓝天也是幸福。"习近平总书记将生态文明建设上升到民生福祉的高度，凸显了他的民生情怀，彰显了执政为民的政治情操。

四是共谋全球生态文明建设之路。习近平总书记指出，"人类只有一个地球，保护生态环境、推动可持续发展是各国的共同责任。""建设生态文明关乎人类未来。国际社会应该携手同行，共谋全球生态文明建设之路，牢固树立尊重自然、顺应自然、保护自然的意识，坚持走绿色、低碳、循环、可持续发展之路。"习近平总书记以全球视野看待环境保护，紧紧把握和顺应了生态文明发展的国际趋势，形成了具有中国特色和世界价值的全球生态文明思想。

二、深化生态文明体制改革

生态环境问题不仅是民生和发展问题，更是体制机制和制度问题。深化生态文明体制改革，关键是要发挥制度的引导、规制、激励、约束等功能，规范各类开发、利用、保护行为，让保护着受益，让损害者受罚。①

1. 生态文明的制度建设

党的十八大提出，构建系统完备、科学规范、运行有效的制度体系。在生态文明建设方面，提出通过加强生态文明制度建设，推进美

① 习近平．把"三严三实"贯穿改革全过程，努力做全面深化改革的实干家［N］．人民日报，2015－7－2.

丽中国建设。近年来中央密集出台了一系列推进生态文明建设的法律、法规及制度文件，生态文明建设的体制机制改革取得突破性进展。

完成了生态文明建设的顶层设计。2015 年 4 月通过的《中共中央、国务院关于加快推进生态文明建设的意见》对生态文明制度体系所包含的约束性制度、激励性制度以及体制机制进行了系统、完整、详尽的阐述。同年 9 月，中共中央政治局审议通过了《生态文明体制改革总体方案》，2016 年 3 月全国“两会”审议并通过了“十三五”规划纲要。这些文件的出台，完成了生态文明建设的顶层设计，为进一步推进生态文明工作，指明了方向。

生态文明建设制度体系逐步完善。《生态文明体制改革总体方案》提出了生态文明体制改革的指导思想、改革原则、改革目标等总体要求，明确了 8 个制度领域 47 项制度。其中 8 个制度领域包括：自然资源资产产权制度、国土空间开发保护制度、空间规划体系、资源总量管理和全面节约制度、资源有偿使用和生态补偿制度、环境治理体系、环境治理和生态保护市场体系、生态文明绩效评价考核和责任追究制度。《生态文明体制改革总体方案》的出台，是我国生态文明建设探索的巨大突破，也明确了我国生态文明体制机制改革的方向、思路、改革重点领域以及改革的整体框架。

2. 生态文明的机构建设

在生态文明建设过程中，环境保护管理机构，也会随形势发展需要进行调整。

2015 年 2 月，经中央编办批准，环境保护部不再保留污染防治司、污染物排放总量控制司。设置水环境管理司、大气环境管理司和土壤环境管理司，分别负责水、大气、噪声、土壤等污染防治工作。

2016 年 9 月，中央编办批复设立环境保护督察办公室，作为国务院环境保护督察工作领导小组的办事机构。2017 年 2 月，按照中央编办的批复精神，组建中央环境保护督察办公室。

2018 年 3 月，为整合分散的生态环境保护职责，统一行使生态和城乡各类污染排放监管与行政执法职责，加强环境污染治理，保障国家生态安全，十三届全国人大一次会议表决通过了关于国务院机构改革方案的决定，批准成立中华人民共和国生态环境部，不再保留环境保护部。2018 年 4 月 16 日，中华人民共和国生态环境部正式揭牌。

垂直管理改革逐步推开。2016 年 9 月，中共中央办公厅和国务院办公厅印发了《关于省以下环保机构监测监察执法垂直管理制度改革试点工作的指导意见》（以下简称《意见》），《意见》提出要“建立健全条块结合、各司其职、权责明确、保障有力、权威高效的地方环境保护管理体制”。省以下的环保机构监测监察执法垂直管理制度改革开始试点，并逐步推开，目前试点省市已取得显著成效。

3. 生态文明法治建设

党的十八大以来，生态环保法治不断健全，监管力度空前严格。修改完善了多部法律，并出台了新的环保法规。

2014 年 4 月，第十二届全国人民代表大会第八次会议通过了新修订的《中华人民共和国环境保护法》，自 2015 年 1 月 1 日起施行。新《环境保护法》新增了“按日计罚”的制度，并罕见地规定了行政拘留的处罚措施，为提升执法效能奠定了基础，被称为“史上最严的”环保法。2016 年 7 月，修改了《中华人民共和国节约能源法》《中华人民共和国环境影响评价法》《中华人民共和国水法》等六部法律。2017 年 6 月，修订了《水污染防治法》，自 2018 年 1 月 1 日起施行。2018 年 10 月，修改了《中华人民共和国野生动物保护法》。2018 年 10 月，修订了《大气污染防治法》，于 2018 年 10 月 26 日起施行。2019 年 8 月，第十三届全国人民代表大会第十二次会议通过了新修改的《中华人民共和国土地管理法》，于

2020 年 1 月 1 日起施行。

此外，出台了新的生态环保法律、法规。2013 年 10 月发布了《城镇排水与污水处理条例》，自 2014 年 1 月 1 日起施行。2017 年 9 月，出台了《中华人民共和国核安全法》，自 2018 年 1 月 1 日起施行。2016 年 12 月，第十二届全国人大 25 次会议通过了《中华人民共和国环境保护税法》，自 2018 年 1 月 1 日起施行。2017 年 12 月，国务院公布了《中华人民共和国环境保护税法实施条例》，自 2018 年 1 月 1 日起与环境保护税法同步施行。

同时，一些省区市也积极运用地方立法权，根据当地需求制定了更高标准、更为严格的管理制度和相应的行政处罚制度。

三、支持生态文明建设的财政政策

党的十八大以来，以习近平总书记为核心的党中央作出了经济发展进入新常态的重大判断，我国的各项改革开始深入推进。2013 年 11 月召开的十八届三中全会，研究了全面深化改革的重大问题，全会通过《中共中央关于全面深化改革若干重大问题的决定》（以下简称《决定》）。《决定》提出，全面深化改革的总目标是完善和发展中国特色社会主义制度，推进国家治理体系的建立和实现治理能力现代化。《决定》对财政给予了前所未有的定位："财政是国家治理的基础和重要支柱"，提出建立"现代财政制度"的目标。2014 年 6 月召开的中共中央政治局会议，审议通过了《深化财税体制改革总体方案》，提出要建立统一完整、法制规范、公开透明、运行高效，有利于优化资产配置、维护市场统一、促进社会公平、实现国家长治久安的可持续的现代财政制度，同时明确了财税改革时间表：将在 2016 年基本完成深化财税体制改革的重点工作和任务，2020 年各项改革基本到位，现代财政制度基本建立。党的十九大报告明确要求：加快建立现代企业制度，建立权责清晰、财力协调、区域均衡的中央和地方财政关系；建立全面规范透明、标准科学、约束有力的预算制度，全面实施绩效管理；深化税收制度改革，健全地方税体系。由此，新一轮财税体制改革逐步展开。

这轮改革主要包括改进预算管理制度、完善税收制度、建立事权和支出责任相适应的制度三个方面。预算管理制度改革，主要是建立全面规范、公开透明的预算制度；完善税制的改革，则涉及增值税、消费税、资源税、环境保护税、房地产税、个人所得税六大税种。要求推进资源税改革，调整消费税征收范围、环节、税率，将高耗能、高污染产品及部分高档消费品纳入征税范围；建立环境保护税制度，将现行排污收费改为环境保护税等。同时，强调合理划分中央和地方以及省以下的事权与支出责任。在这轮财税体制改革中，我国在环境支出、环境税费等重点领域的环境政策制定和实施上，都取得了重大突破，环境保护财政政策在生态文明建设过程中，发挥了积极作用，政策体系也更加成熟。

1. 环境税费改革取得实质性突破

我国的环境保护税是在原来对企业征收排污费的基础上“费改税”建立起来的，环境保护税费改革是我国环境财税改革的重要内容，此次环保税改革采用了渐进式模式。2015 年 6 月 10 日，国务院法制办公室下发了《关于〈中华人民共和国环境保护税法（征求意见稿）〉公开征求意见的通知》，将财政部、国家税务总局、环境保护部起草的《中华人民共和国环境保护税法（征求意见稿）》及说明全文公布，征求社会各界意见。2016 年 8 月，第十二届全国人大常委会第二十二次会议对该草案进行了初次审议，并于同年 12 月表决通过。2018 年 1 月 1 日，《中华人民共和国环境保护税法》正式实施，2017 年 12 月 30 日，国务院公布《中华人民共和国环境保护税法实施条例》，自 2018 年 1 月 1 日起与《中华人民共和国环境保护税法》同步施行，《排污费征收使用管理条例》同时废止。至此，我国的环境保护从收费制度转向征税制度。环保税在征税对象、税额标准、计税依据方面与现行排污费具有较高的一致性，在进行税负平移的同时，尽量弥补排污费本身的缺陷。

2. 全面推进资源税改革

2011 年我国修订了《资源税暂行条例》，原油、天然气从价计征改革推向全国。2014 年 12 月 1 日，煤炭资源税全面实行从价计征，税率为 2% ~10%，同时清理相关收费基金。与此同时，国家还对原油、天然气资源税费制度进行了调整，主要是将矿产资源补偿费费率降为零，将资源税适用税率由 5% 提高至 6%。2015 年 5 月 1 日，资源税从价计征改革推广到稀土、钨、钼，至此，煤炭等 6 个税目进行了从价计征改革，将资源税的税收收入与矿产资源价格直接挂钩。2016 年 7 月 1 日起，资源税改革全面铺开，对绝大多数应税产品实行从价计征，建立了税收与资源价格挂钩的自动调节机制，增强了税收弹性。2017 年 11 月，财政部与国家税务总局联合发布了《中华人民共和国资源税法（征求意见稿）》。2018 年 12 月，资源税法草案首次提请第十三届全国人大常委会第七次会议审议，意味着资源税暂行条例将上升为法律，2019 年 8 月 26 日，第十三届全国人大第十二次会议通过了《中华人民共和国资源税法》，自 2020 年 9 月 1 日起施行。

我国此次资源税改革，还启动了水资源税的改革。2016 年 7 月，财政部、国家税务总局和水利部共同发布《关于印发〈水资源税改革试点暂行办法〉的通知》，自 2016 年 7 月 1 日起，率先在河北省启动水资源税改革试点。2017 年，财政部、国家税务总局、水利部对外公布《扩大水资源税改革试点实施办法》，决定在河北省实施水资源税改革试点的基础上，自 2017 年 12 月 1 日起在北京、天津、山西、内蒙古、河南、山东、四川、陕西、宁夏 9 省（直辖市、自治区）扩大水资源税改革试点，各地征收的水资源税，归地方政府所有。

资源税改革的核心是全面实行从价计征，发挥税收的自动调节机制，并赋予省级地方政府一定的税收自主权。征收资源税促进了我国资源的合理利用、综合开发，从而推进绿色发展和资源的节约利用，推动社会经济高质量发展。

3. 整合各项环保专项资金

根据经济社会形势的发展和环境保护战略的调整，对现有的专项资金进行了整合。2013 年设立了“大气污染治理专项资金”。2015 年 4 月，财政部印发《可再生能源发展专项资金管理暂行办法》，进一步规范和加强可再生能源发展专项资金管理。2015 年 6 月，财政部、环境保护部联合发布《关于印发〈水污染防治专项资金管理办法〉的通知》，对水污染防治专项资金进行了整合。2016 年，中央财政加大了对环境保护的支持力度，新设立了土壤污染防治专项资金。

水、大气污染防治专项资金规模也在不断加大。同时各专项资金投入的绩效逐步与财政资金的分配、政府付费等挂钩。

4. 绿色税收调节手段多元化

第一，开征环境保护税。环境保护税作为我国首个独立型环境税种，具有明确的环境保护目标。环境保护税的实施，对于构建绿色财税体制、制约排污者的污染行为、建立绿色生产和绿色消费体系，具有十分重要的意义。第二，对购置环保设备的企业给予税收优惠。2017 年 9 月，财政部、国家发展改革委、国家税务总局、工业和信息化部和环境保护部共同发布《关于印发节能节水和环境保护专用设备企业所得税优惠目录（2017 年版）的通知》，该通知规定：对符合条件的环境保护所得或支出等，实施企业所得税减免或从当年应纳税额中抵免。对确有必要进口且进口设备符合国家有关条件的企业，免征关税和进口环节增值税。第三，鼓励使用新能源汽车。国家调整车辆购置税，购置低排量汽车，在规定时间内，减征车辆购置税；自2018年1月1日至2020年12月31日，对购置的新能源汽车免征车辆购置税。

5. 环境保护财政投入持续增加

近年来，在一般公共预算中，关于节能环保、污染防治和自然生态保护的预算增长较快，环境污染治理投资也持续增加，生态环境补偿力度加大，各项环境保护专项资金投入也不断提高。例如，农村环境整治专项资金自2008年设立以来，累计安排了495亿元；2016年设立的土壤污染防治专项资金，当年安排预算68.75亿元，后续又投入约100亿元。持续加大的财政投入，为改善我国的生态环境，起到了积极作用。

通过梳理我国环境保护体制的发展和财政政策的建立与完善过程可以看出，经过多年的改革，我国的环境保护政策体系逐渐成熟，促进环境保护的财政政策框架业已建立，各项具体措施也在逐步完善。目前，我国促进生态环境的财政政策主要包括支出性财政政策和收入性财政政策。支出性财政政策主要有：环境保护支出、环境污染治理投资、政府专项资金及政府绿色采购等财政支出手段。收入性财政政策主要是各项税收政策和税收优惠以及排污收费政策。本书后面章节将对环境保护财政政策的分析，也将围绕支出性财政政策和收入性财政政策两个方面展开。

第三章 我国促进环境保护的财政政策分析

长期以来，随着环境污染和生态破坏的日趋严重，党和政府对环境保护重要性的认识逐步深化，生态环境保护的地位也越来越高，环境保护的财政政策力度明显加大，取得了显著的效果。但是，虽然我国财政在如何支撑经济社会发展上积累不少经验，可是对财政如何支撑生态环保方面却明显缺乏经验，尤其是对财政如何有效支持生态文明建设的认知较为有限，加之长期实行“以经济建设为中心”政策的巨大惯性，使财政政策在促进环境保护的发展方面仍存在很多问题。本章首先描述了我国促进生态环保发展的支出性财政政策和收入性政策的发展与现状，在此基础上，指出了目前存在的问题，并分析了产生这些问题的深层次原因。

第一节　促进环境保护的支出性财政政策

我国促进环境保护的支出性财政政策主要包括一般公共预算中的环境保护支出、环境污染治理投资、政府专项资金及政府绿色采购等财政支出手段。

一、环境保护财政支出的状况

环境保护财政支出是中央或地方政府预算安排的，专门用于环境保护的财政资金。2007 年前，虽然在政府的财政支出中，环境保护的相关财政支出是存在的，但是并没有形成独立的支出渠道和科目，而是散落在其他相关科目之中。2007 年政府收支分类改革后，独立设置了“211 环境保护”类级科目，由此，一般公共预算中的环境保护支出，才得以单独进行统计。2007 年后，我国环境保护财政支出规模逐年递增、支出结构进一步完善，显示出政府对环境保护的重视程度不断提高。国家财政的持续投入，也带来了生态环境质量的改善。

1. 环境保护支出规模分析

全国环境保护[①]财政支出规模逐年增长，从 2007 年的 995.82 亿元，上升到 2018 年的 6353 亿元（见图 3-1），年均增长率为 18.98%。同期，全国财政总支出年均增长率 14.67%，环保支出的增长率高于同一时期全国财政支出的增长率。

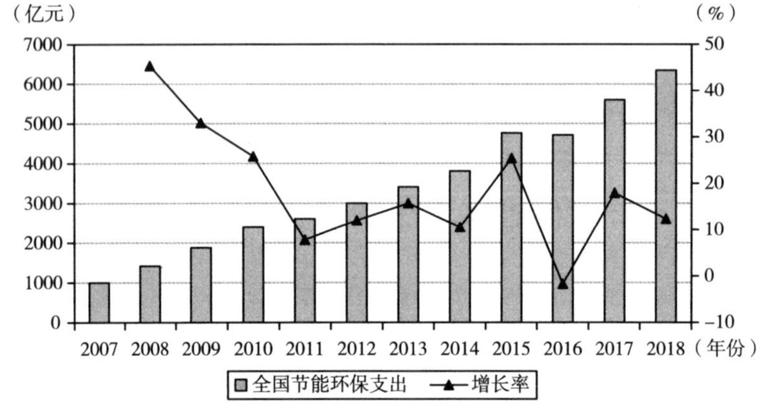

图 3-1　2007～2018 年中国节能环保支出规模及其增长率

注：2007 年我国首次设立了“211 环境保护”支出科目，2011 年后更名为“节能环保”支出科目。

资料来源：2007～2018 年财政部全国一般公共预算支出决算表整理得到。

从财政支出的总体情况看，虽然环境保护支出在财政总支出中的占比逐年提升，但是提高的幅度不大。2007～2017 年，一直在 2%～3%。与此同时，教育占财政支出的比重在 13.96%～15.18%，社会保障和就业占财政支出的 9.97%～12.21%，农林水支出占财政支出的 6.84%～9.88%[②]。与这几项支出相比，节能环保支出的占比并不

① 由于我国的“环境保护”科目设立于 2007 年，故当年的增长率无法获得。

② 历年《中国统计年鉴》整理得到。

高，且多年来没有明显的变化。

2. 环境保护支出结构分析

从环境保护支出结构来看，自2010年以来，支出重点项目主要在污染防治、能源节约利用、自然生态保护、污染减排等方面。以2017年为例，前述各项支出占当年节能减排支出的比重分别是：33.52%、11.90%、9.56%、5.46%，4个款级支出合计超过了节能环保总支出的60%，标志着我国环境保护支出的重点逐渐转到污染治理和能源节约利用方面，也凸显了我国环保工作的发展方向。具体分析各项主要指标，只有污染防治和自然生态保护支出保持了逐年的稳定增长，其他各项支出指标则呈现整体下降的趋势（见图3-2），其中能源节约利用、污染减排支出波动明显，退耕还林支出下降幅度最高。这表明我国节能环保支出更注重事后的污染治理，对环境污染的源头控制关注不够。

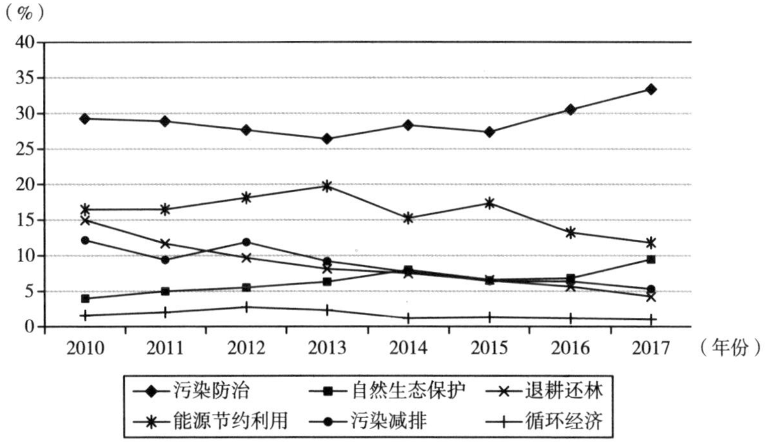

图3-2　2010~2017年重点支出占节能环保支出比例变化情况

资料来源：2010~2017年财政部全国一般公共预算支出决算表整理得到。

3. 中央与地方的环境保护支出情况

从支出规模上看，中央和地方政府节能环保支出总体上都呈现上升趋势，这与全国节能环保支出规模的走向一致。进一步分析中央本级和地方政府在节能环保支出中的占比发现，两者差距较大。地方政府历年的节能环保支出占全国总支出的比重均在90%以上，占比最高的2009年达到了98.04%（见表3－1），表明地方政府在节能环保领域承担了主要的支出责任，发挥着重要作用。从表3－1中我们也看到，地方政府的支出中有很大一部分资金来源于中央政府的专项转移支付，尤其是在2013年以前，中央转移支付资金占地方政府节能环保支出比例均在50%以上。中央政府的转移支付制度在生态文明建设中起到了重要的作用，同时也造成了一些地方政府对转移支付的过分依赖。

表3－1　　中央和地方政府节能环保支出情况　　单位：%

项目		2007年	2008年	2009年	2010年	2011年	2012年	2013年	2014年	2015年	2016年
中央和地方政府分别占全国节能环保支出的比例	中央	3.47	4.56	1.96	2.85	2.81	2.15	2.92	9.03	8.83	6.24
	地方①	96.53	95.44	98.04	97.16	97.19	97.85	97.08	90.97	91.66	93.76
中央对地方的转移支付占地方节能环保支出比例		77.77	70.32	58.75	57.90	60.34	66.72	51.09	48.64	42.12	38.61

注：①地方节能环保支出中包含中央对地方的转移支付。

资料来源：历年《中国财政年鉴》整理得到。

4. 地区之间环境保护支出情况

由于各地的自然资源禀赋、经济社会发展状况、财政收支规模以及环境保护的目标和任务等方面都存在差异，因此各省（市、自治区）在环境保护财政支出规模上存在较大的差异（见表3－2）。

表 3－2　　2007～2017 年各省（市、自治区）环境保护财政支出规模

单位：亿元

地区	2017年	2016年	2015年	2014年	2013年	2012年	2011年	2010年	2009年	2008年	2007年	均值
海南	35.72	37.31	31.54	23.28	23.18	21.23	23.97	14.89	18.51	6.81	5.32	21.98
西藏	46.64	33.05	56.83	29.23	17.21	23.67	16.05	11.77	9.75	5.71	4.77	23.15
宁夏	57.61	36.69	45.49	34.60	32.93	35.37	35.23	30.79	22.59	17.51	12.76	32.87
天津	110.22	65.63	73.1	59.93	48.44	38.49	32.24	27.10	13.36	10.98	5.91	44.13
青海	60.93	73.41	87.36	56.73	66.78	43.99	41.76	36.15	28.98	19.55	18.98	48.6
新疆	54.66	65.07	71.51	70.86	68.99	64.12	53.67	51.02	36.42	30.47	22.62	53.58
福建	120.65	130.35	95.57	61.8	58.6	48.6	37.95	39.79	33.83	14.03	9.7	59.17
广西	85.11	90.70	98.68	84.00	64.23	60.01	53.90	63.99	49.92	27.97	14.1	62.96
江西	143.40	117.88	87.43	68.13	74.17	66.91	43.76	49.14	43.14	31.84	13.88	67.24
甘肃	102.20	95.25	95.35	73.21	69.82	72	84.99	68.31	53.15	46.85	33.6	72.25
贵州	125.39	127.09	96.49	85.34	66.44	65.73	55.45	54.32	55.31	40.44	27.23	72.66
上海	224.66	134.41	104.35	77.32	56.43	55.18	51.62	47.31	33.96	25.08	20.04	75.49
辽宁	106.53	87.24	116.79	106.10	108.59	93.27	74.2	77.44	55.71	48.18	30.73	82.25
山西	128.87	115.54	99.46	95.26	98.16	88.17	82.18	82.37	70.61	64.29	44.97	88.17
吉林	115.12	122.14	117.7	140.3	126.83	113.85	102.42	71.55	49.48	45.61	30.45	94.13
安徽	198.64	133.64	124.83	104.76	108.42	95.52	81.96	64.72	59.27	54.74	37.65	96.74
湖北	139.71	145.64	145.84	103.78	109.72	95.63	101.11	96.31	74.15	40.92	28.05	98.26
重庆	154.95	136.20	140.73	105.51	114.55	128.69	100.81	69.01	50.05	52.93	38.62	99.28
浙江	190.15	161.40	167.89	120.65	98.14	77.7	78.11	82.07	55.42	46.52	31.38	100.86
陕西	162.52	126.79	150.77	112.51	109.77	94.14	96.13	82.88	79.5	58.72	48.75	102.04
黑龙江	193.20	113.44	155.52	111.57	115.75	104.86	92.27	89	59.07	48.51	44.34	102.5
云南	179.48	150.13	134.08	108.88	105.29	101.12	95.86	86.41	82.16	58.46	31.38	103.02
湖南	173.28	170.85	149	137.49	128.67	109.43	85.26	90.82	73.63	41.71	29.84	108.18
内蒙古	143.67	159.39	175.25	142.75	132.11	131.59	117.55	107.99	97.9	79.68	61.73	122.69
河南	241.65	195.72	177.77	119.95	111.92	109.45	95.6	96.38	92.98	75.85	60.92	125.29
四川	197.75	166.35	169.31	168.69	159.95	135.94	115.8	112.99	114.47	79.15	71.16	135.6
山东	236.84	239.28	217.08	166.67	212.81	154.42	113.95	112.93	76.17	58.6	33.94	147.52
河北	353.45	262.80	282.72	193.43	171.86	127.93	105.48	115.16	104.2	76.36	43.8	167.02
北京	458.44	363.38	303.26	213.36	138.17	113.54	94.51	60.85	54.05	35.47	29.58	169.51

续表

地区	2017年	2016年	2015年	2014年	2013年	2012年	2011年	2010年	2009年	2008年	2007年	均值
江苏	292.10	285.11	308.45	237.78	229.18	193.83	170.37	139.89	147.6	95.18	48.31	195.25
广东	433.23	297.45	322.33	259.04	307.78	235.44	232.62	239.16	100.8	47.09	26.71	227.43

资料来源：根据2007～2018年中国统计年鉴整理得出。

从表3－2可以看出，我国各省区市的环境保护支出规模差异很大，平均值最高的广东省为227.43亿元，而最低的海南省均值只有21.98亿元，广东省是海南省的10.35倍。总体来看，东部地区的支出额明显高于中部和西部地区。这说明经济发展水平对于环境保护支出额的影响很大，经济发达地区，财政收入也相应较高，从而用于环境保护的支出就多。

二、环境污染治理投资

环境污染治理投资是指在污染源治理和城市环境基础设施建设的资金投入中，用于形成固定资产的资金。环境污染治理投资包括城镇环境基础设施建设投资、工业污染源治理投资、建设项目“三同时”环保投资三个部分。环境污染治理投资①的最终目标与环境保护财政支出的目标相同，其投资规模与环境保护财政支出具有一定的关联性，且环境污染治理投资的统计数据具有长期、连续的特点②，通过该数据的变化能够在一定程度上反映环境保护支出科目独立设置前后的变化。

1. 环境污染治理投资规模分析

我国的环境污染治理投资总体上呈增加态势，且投资规模增长很

① 该投资是指全社会在城镇环境基础设施建设、工业污染源治理和建设项目“三同时”方面的投资总额。

② 2007年前环境保护没有单独账号，故与环境保护相关的支出规模难以进行统计。

快，增幅波动性也较大，2007 年以后增加幅度更明显，环境污染治理投资占 GDP 的比重也有所增加，一直在 1% ~1.5%（见图 3-3），在 2010 年达到了最高的 1.84%，可见财政对环境保护投资的力度在增强。但是，比照国际经验，这一数据与我国改善生态环境质量的现实需求，仍具有一定差距。

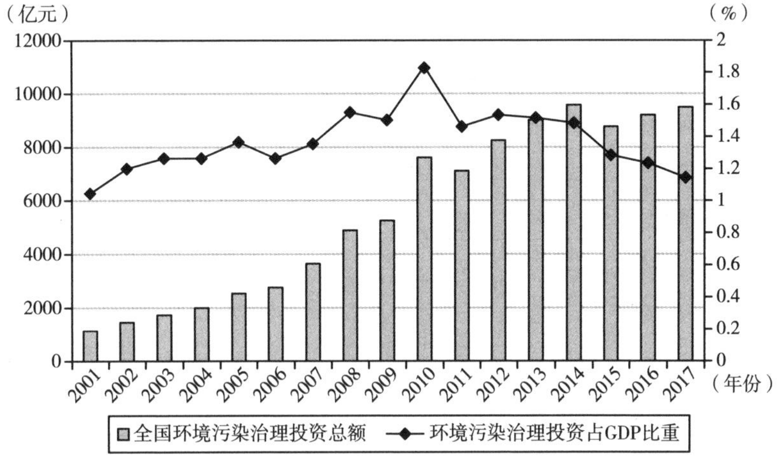

图 3-3　2001 ~2017 年中国环境污染治理投资规模及占 GDP 比重

资料来源：2001 ~2017 年《中国环境统计年鉴》。

2. 环境污染治理投资结构分析

总体来看，在环境污染治理投资所包括的三个项目：城镇环境基础设施建设投资、工业污染源治理投资和建设项目“三同时”环保投资中，城镇环境基础设施建设投资占比最高，除了在 2007 年和 2008 年占比分别为 47.67% 和 45.53% 以外，其他年份占比都超过 50%。建设项目“三同时”环保投资占比居于第二位，且最近几年增长较快。而工业污染源治理投资一直占比最低，逐年下降后，从 2012 年起又有增高的趋势（见图 3-4）。这种结构说明，我国的环保基础设施建设一直处于比较重要的地位，成为环境保护投资的主要项目。

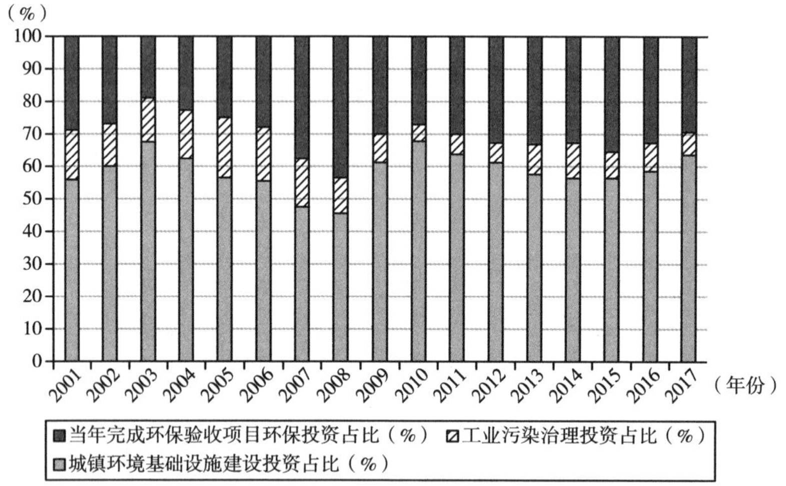

图 3-4　2001～2017 年中国环境污染治理投资结构变化

资料来源：《中国环境统计年鉴（2018）》。

进一步分析城镇环境基础设施建设投资情况可知：首先，投资规模增长很快，从 2001 年的 655.8 亿元增长到 2017 年的 6085.7 亿元，增加了近 8.3 倍（见图 3-5）。其次，城镇环境基础设施建设投资增长率的涨跌情况基本与环境污染治理投资增长率的波动一

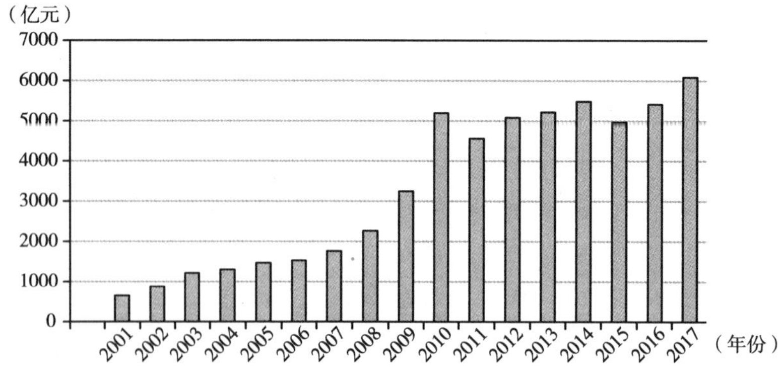

图 3-5　2001～2017 年城镇环境基础设施建设投资情况

资料来源：《中国环境统计年鉴（2018）》。

致（见图3－6）。究其原因，一方面随着经济的不断发展和人民生活水平的提高，民众对环境基础设施建设的需求在增加，促进了基础设施建设的发展；另一方面，国家通过加大基础设施建设投资来扩大内需，也使环境保护方面的基础设施建设受益。但是城镇环境基础设施投资涵盖了燃气、集中供热、市容环境卫生等非环保领域，使环保投资统计口径偏大和虚化，不能完全真实地反映环境保护的投资情况。

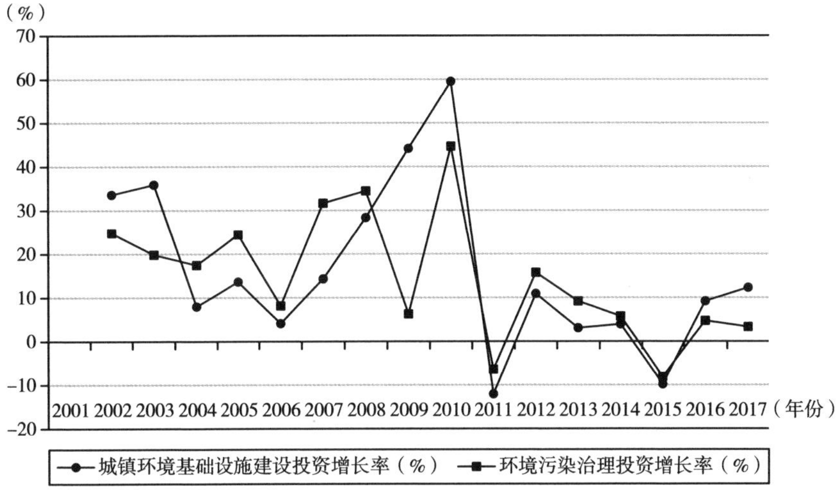

图3－6　2001～2017年城镇环境基础设施建设和环境污染治理投资增长率变化

近年来，工业污染源治理投资增加较快。从图3－4的统计数据看，2001年工业污染源治理投资占环境污染治理投资的比例呈现先降后升的趋势。2010年最低，仅为5.21%，说明这段时间对老污染源的治理取得了效果。值得注意的是，自2013年起，工业污染源治理投资开始迅速增加，从2010年的397亿元快速增加到2013年的849.7亿元，2014年达到997.7亿元，随后稍有下降，2016年为819亿元，2017年是681亿元。快速增长的主要原因是，作为工业污染源治理投资主要内容的大气治理投资量不断增加。尤其是2013年9

月10日起实施了《大气污染防治行动计划》，提出“到2017年，全国地级及以上城市可吸入颗粒物浓度比2012年下降10%以上，优良天数逐年提高；京津冀、长三角、珠三角等区域细颗粒物浓度分别下降25%、20%、15%左右，其中北京市细颗粒物年均浓度控制在60微克/立方米左右”的具体目标后，近年来变化显著，呈逐年快速上升趋势，2016年和2017年的大气治理投资分别为561.5亿元和446.3亿元。2018年6月，国务院印发了《打赢蓝天保卫战三年行动计划》，这一数据有望进一步增加，这充分显示了党和政府整治污染的决心。

三、中央环保专项资金

自2004年起，中央财政开始安排专项资金用于环境保护，即中央环保专项资金，并逐渐成为中央政府对地方政府、地方上级政府对下级政府进行环境保护资金配置的主要渠道。中央财政的环保专项资金在各级地方政府的环境保护资金中占有重要地位。以2016年为例，当年全国节能环保支出规模为4734.82亿元，中央本级支出295.49亿元，地方政府支出4439.33亿元，地方政府支出中含中央政府的专项资金1687.58亿元，占地方政府支出的比重达38.01%。

我国的环境保护专项资金是按照一定时期内国家环境保护目标设计和实施的，周期一般为5年，不同年份中实施的专项资金也有不同。近年来，围绕实施大气、水、土壤污染防治三大行动计划，中央财政先后整合设立了大气污染防治专项资金、水污染防治专项资金、土壤污染防治专项资金、农村环境整治专项资金，主要支持三大行动计划确定的重点工程项目。下面就主要专项资金的实施情况，予以概括。

1. 大气污染防治资金

大气污染防治专项资金设立于2013年，几年来，中央财政安排的大气污染治理专项资金逐年增加（见表3－3），重点支持京津冀及周边、长三角、珠三角重点地区的大气污染防治，取得了明显成效。据公开资料显示，这期间，全国煤炭消费比重下降8.1%，清洁能源比重提高了6.3%。截至2018年年底，京津冀及周边地区完成散煤治理1000万户，其中煤改气约580万户、煤改电约360万户、集中供热及地热等替代60万户左右。

表3－3　2013～2019年中央财政安排大气污染防治专项资金情况　单位：亿元

年份 数额	2013	2014	2015	2016	2017	2018	2019
安排资金数额	50	105.5	107.38	111.88	160	200	250（预算）

资料来源：历年中国财政统计年鉴及公开资料整理得到。

2. 水污染防治资金

水污染防治资金，是专门用于水污染防治和水生态环境保护的资金，支持重点流域、水源地、地下水等方面的水污染防治以及水质良好湖泊生态环境保护，主要用于污水处理设施建设、黑臭水体治理、区域水环境综合治理等方面。“十三五”规划以来，中央财政先后累计安排水污染防治专项资金约150亿元。

3. 土壤污染防治专项资金

为了落实国务院发布的《土壤污染防治行动计划》，加大中央财政对生态环境保护的支持力度，2016年中央财政新设立了土壤污染防治专项资金，当年安排预算规模为90.89亿元，决算金额为90.89亿元，其中68.75亿元支持各省（自治区、直辖市）土壤（含重金属）污染防治工作，其他资金用于各地的土壤污染状况详查工作；2017年安排预算金额112.00亿元，决算金额65.35亿元，主要用于31个省（自治区、直辖市）土壤（含重金属）的污染防治；2018年

11月23日，财政部又下达专项资金35亿元。为规范专项资金的管理，提高资金使用效率，财政部联合环境保护部印发了《土壤污染防治专项资金管理办法》，提出了专项资金要实现的目标，规定了专项资金的分配方式以及考核奖惩机制，以保障资金的使用效益。

4. 农村环境整治专项资金

2009年4月，环境保护部和财政部联合发布了关于印发《中央农村环境保护专项资金环境综合整治项目管理暂行办法》的通知，用以规范农村环境综合整治项目管理，确保项目顺利实施。截至2016年年底，中央财政共下达农村环境整治专项资金375亿元，带动地方投入约430亿元，支持全国11.6万个建制村开展环境综合整治，占全国建制村总数的21.4%。通过实施环境整治项目，使饮用水水源地得到保护，生活污水、垃圾和畜禽养殖污染得到有效治理，促进了农村生态环境的改善。

5. 节能减排补助资金

2015年，国家在已有污染物治理的基础上，设立了节能减排补助资金，主要支持技术升级改造、排污行业减排以及公共管理平台建设。资金分配主要采取补助、以奖代补、贴息和据实结算等方式。2015～2017年分别下达资金442.09亿元、344.57亿元、339.13亿元。

6. 可再生能源发展专项资金

可再生能源发展专项资金是由财政部牵头负责的、专门用于支持可再生能源和新能源的开发利用的专项资金。资金的分配主要采用因素法分配法、竞争分配法以及据实结算等方式。近几年该专项资金预算的完成并不理想：2015年的预算数为173亿元，决算数为92.33亿元，完成预算的53.4%；2016年的预算数为75亿元，决算数为72.45亿元，完成预算的96.6%；2017年的预算数为54亿元，决算数为46.3亿元，完成预算的85.7%。

7. 城市管网专项资金

2015年中央财政设立了城市管网专项资金，由财政部与住房和城乡建设部共同负责，专项资金主要用于支持城市管网建设、城市地下空间集约利用、城市排水防涝以及水生态修复等城市生态空间建设。城市管网专项资金采用了绩效考核的方式，同时建立了退出机制。2015～2017年城市管网专项资金的决算数分别为180亿元、185亿元、166.5亿元。

四、政府绿色采购

政府“绿色采购”的理念起源于德国、美国等发达国家。目前，“绿色采购”已经成为各国政府支持生态环境保护的重要措施之一，国外通过绿色清单法、绿色标准法、绿色优惠法、绿色成本法等多种方法，实现政府采购的“绿色化”。

在中国，随着科学发展观的提出，构建资源节约型和环境友好型社会已经成为人们的共识。政府作为实施生态文明建设的主体，在政府采购中尤其要突出“绿色消费”这一主题。截至2016年年底，我国环境标志产品政府采购清单的产品种类，已经从最初的14大类，增加到涵盖办公设备及耗材、电子电器等57大类，企业数量也从81家增加到2000多家，产品型号从800多种增加到20多万种。与此同时，环境保护产品的采购规模大幅提高，2008～2015年我国环境标志产品政府采购总规模为7154.5亿元，[①] 占政府采购同类产品的比重持续增高。

① 环境保护部环境规划院．环境经济政策年度报告2016［J］．环境经济，2017(11)．

第二节　促进环境保护的收入性财政政策

1994 年税制改革后，我国逐渐增加了运用税收政策促进环境保护和资源利用的条款，形成了以资源税、消费税、城建税等环境税收制度为约束性手段，以增值税、所得税等优惠政策为激励性手段的环境税收政策框架，再加上排污收费制度，一起组成了环境保护的财政政策体系。2018 年 1 月 1 日起，《环境保护税法》正式实施，取代了排污费制度，充实了我国的环境税体系。由于环保税改革是按照“税费平移”原则，以排污费为基础，实现费改税的平稳过渡，因此本节仍从约束性税收政策、激励性税收优惠、排污费征收三个方面，介绍我国促进生态环保的收入性财政政策。

一、约束性税收政策

经过 40 年的发展和演变，我国已经形成了由资源税、消费税、城市维护建设税、土地增值税、车船税等税种组成的约束性环境税收制度，这些税种从实施内容上看，与环境保护直接相关。近年来，约束性环境税收政策的运用范围不断扩大，作用力度也逐渐加强。

1. 资源税

资源税征收的目的是调节级差收入，即对自然资源在开采条件、资源本身优劣和地理位置等方面的差异所导致的级差收入进行调节，从而促使开发者合理开发和节约使用资源。自 1984 年开始征收资源税以来，该税种经过多次改革和调整，范围不断扩大，税率几经调整，收费方式也进行了多次改革。我国资源税征收额总体上呈现增长态势，从 2001 年的 67.11 亿元，增加到 2017 年的 1353.32 亿元，增加了19.2倍，但增幅波动较大（见图3－7），这与资源税的范围及税率调整相关。多年来，我国资源税占税收收入的比重虽有增加，但是与发达国家相比，依然较低（见表3－4）。

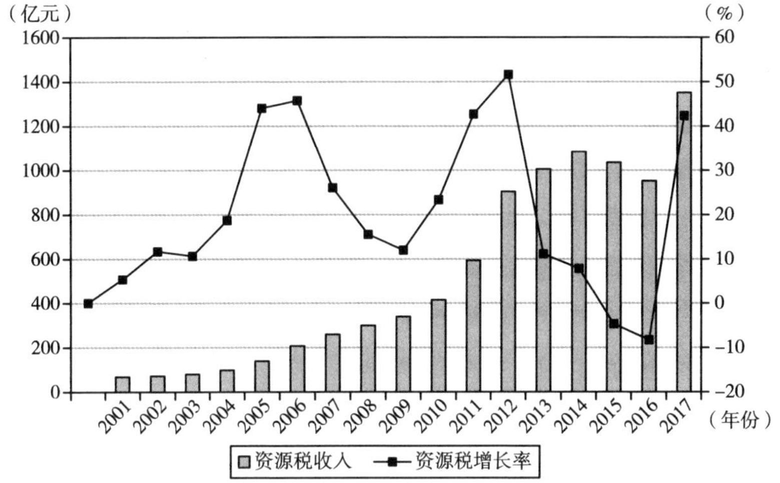

图3－7　2001～2017年全国资源税税额和增长率

资料来源：根据2001～2017年《中国财政年鉴》计算得到。

表3－4　2001～2017年全国资源税收入与税收总收入情况

项目 年份	资源税收入（亿元）	资源税增长率（%）	税收总收入（亿元）	资源税占税收收入的百分比（%）
2001	67.11	5.48	15301.38	0.44
2002	75.08	11.88	17636.45	0.43
2003	83.3	10.95	20017.31	0.42
2004	98.8	18.61	24165.68	0.41
2005	142.20	43.93	28778.54	0.49
2006	207.11	45.65	34804.35	0.59
2007	261.15	26.09	45621.97	0.57
2008	301.76	15.55	54223.79	0.56
2009	338.24	12.09	59521.59	0.57
2010	417.57	23.45	73210.79	0.57

续表

项目 年份	资源税收入 （亿元）	资源税增长率 （%）	税收总收入 （亿元）	资源税占税收收入 的百分比（%）
2011	595.87	42.70	89738.39	0.66
2012	904.37	51.77	100614.28	0.90
2013	1005.65	11.20	110530.70	0.91
2014	1083.82	7.77	119175.31	0.91
2015	1034.94	-4.51	124922.20	0.83
2016	950.83	-8.13	130360.73	0.73
2017	1353.32	42.33	144369.87	0.94

资料来源：历年《中国财政年鉴》整理得到。

2. 城市维护建设税

为了扩大和稳定城市维护建设资金来源，加强城市维护建设，1985年开征了城市维护建设税。该税种实行专款专用，其收入主要用于城市污水的处理与收集、生活垃圾的处理、清洁燃料的供应以及园林绿化等方面。城市维护建设税是真正具有“绿色”意义的环境保护税种，对于促进城市建设过程中的环境保护，具有较为明显的作用。

城建税是以增值税、消费税、营业税实际缴纳额计算征收，征收范围较广，与其他几个与环境相关的税种相比，征收税额较大，占税收总收入的比重在2.48%～3.11%（见表3-5）。从图3-8可以看出，我国的城市维护建设税一直保持增长。

表3-5　2001～2017年全国城市维护建设税收入与税收总收入情况

项目 年份	城建税收入 （亿元）	城建税增长率 （%）	税收总收入 （亿元）	城建税占税收总收入 的百分比（%）
2001	384.19	9.07	15301.38	2.51
2002	470.82	22.55	17636.45	2.67
2003	550.01	16.82	20017.31	2.75
2004	674.06	22.55	24165.68	2.79

续表

项目 年份	城建税收入（亿元）	城建税增长率（%）	税收总收入（亿元）	城建税占税收总收入的百分比（%）
2005	795.68	18.04	28778.54	2.76
2006	939.72	18.10	34804.35	2.70
2007	1156.39	23.06	45621.97	2.53
2008	1344.09	16.23	54223.79	2.48
2009	1544.11	14.88	59521.59	2.59
2010	1887.11	22.21	73210.79	2.58
2011	2779.29	47.28	89738.39	3.10
2012	3125.63	12.46	100614.28	3.11
2013	3419.90	9.41	110530.70	3.09
2014	3644.64	6.57	119175.31	3.06
2015	3886.32	6.63	124922.20	3.11
2016	4033.14	3.78	130360.73	3.09
2017	4362.15	8.16	144369.87	3.02

资料来源：历年《中国财政年鉴》整理得到。

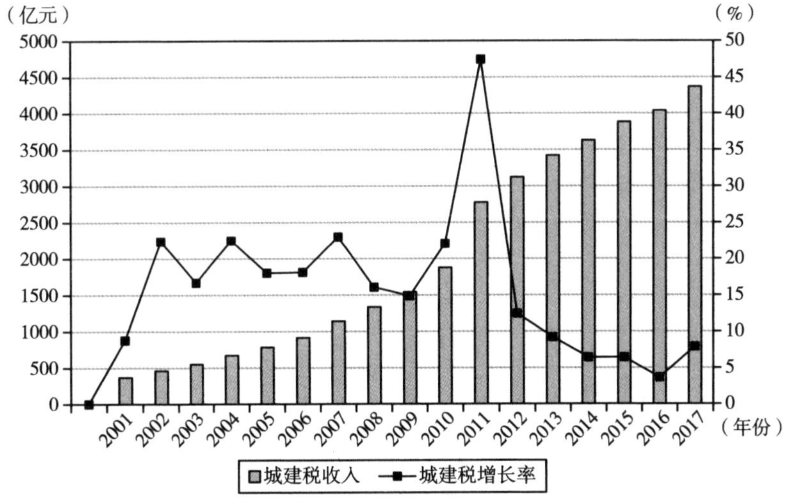

图 3-8　2001~2017 年全国城市维护建设税税额和增长率

资料来源：根据 2001~2017 年《中国财政年鉴》计算得到。

3. 城镇土地使用税

我国于1988年开始征收城镇土地使用税，开征的目的是合理开发和利用城镇土地，提高使用效益，调节土地级差收入。城镇土地使用税根据不同地区的经济、社会发展状况，实行等级税负税额。自开征以来，我国城镇土地使用税的增长幅度较大（见图3-9），但是占税收总收入的比重较低，在整个税制体系中，属于小税种，在生态环保中发挥的作用有限（见表3-6）。

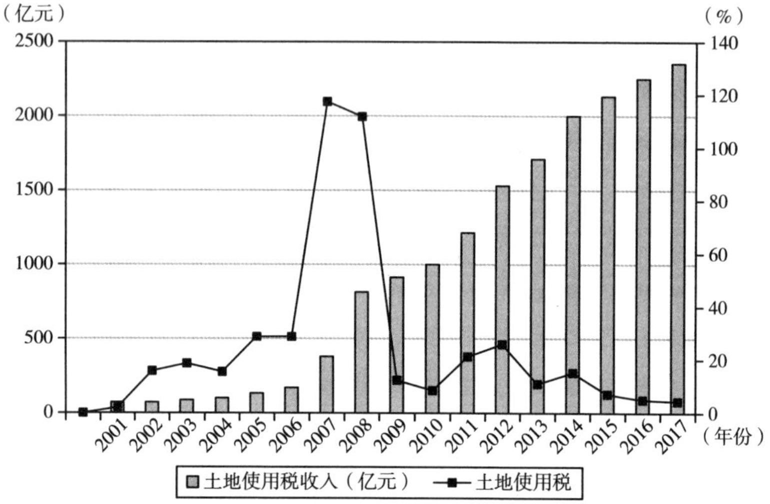

图3-9　2001~2017年全国城镇土地使用税税额和增长率

资料来源：根据2001~2017年《中国财政年鉴》计算得到。

表3-6　2001~2017年全国城镇土地使用税收入与税收总收入情况

项目 年份	土地使用税收入（亿元）	土地使用税增长率（%）	税收总收入（亿元）	土地使用税占税收总收入的百分比（%）
2001	66.15	2.15	15301.38	0.43
2002	76.83	16.15	17636.45	0.44
2003	91.57	19.19	20017.31	0.46

续表

项目 年份	土地使用税收入（亿元）	土地使用税增长率（%）	税收总收入（亿元）	土地使用税占税收总收入的百分比（%）
2004	106.23	16.01	24165.68	0.44
2005	137.34	29.29	28778.54	0.39
2006	176.81	28.74	34804.35	0.51
2007	385.49	118.02	45621.97	0.84
2008	816.90	111.91	54223.79	1.51
2009	920.98	12.74	59521.59	1.55
2010	1004.01	9.02	73210.79	1.37
2011	1222.26	21.74	89738.39	1.36
2012	1541.72	26.14	100614.28	1.53
2013	1718.77	11.42	110530.70	1.56
2014	1992.62	15.93	119175.31	1.67
2015	2142.04	7.50	124922.20	1.71
2016	2255.74	5.31	130360.73	1.73
2017	2360.55	4.65	144369.87	1.64

资料来源：历年中国财政年鉴整理得到。

4. 消费税

消费税是1994年税制改革中新设置的税种，征收目的是贯彻国家产业政策和消费政策，引导、调节消费结构，增加财政收入。从消费税征收范围可以看到，与资源和环境保护相关的税目占了一半以上。随着国家对环境保护的重视，消费税政策也在不断调整和变革。2006年的调整，增加了针对一次性筷子、实木地板等的消费税；扩大了石油制品的消费税费征收范围；调整了小汽车、摩托车的子目，使其更有利于生态环保。随后，陆续调高了汽车、成品油等税目的税率。当前消费税的征收对于促进生态环保的作用是十分明显的，但与国外发达国家相比，我国的消费税征收范围仍然较窄，税率偏低。消费税今后的改革方向是加大对破坏生态环境的产品的征税范围，提高税额，从而进一步发挥其引导绿色消费，促进生态环境保护的作用。

5. 其他税种

我国税收制度中与环境保护相关的主要税种还有车船税和耕地占用税。

车船税是以车船为特征对象，向车辆、船舶（简称车船）的所有人或者管理人征收的一种税，我国从 2007 年 7 月 1 日开始征收。2012 年和 2015 年，财政部、工信部等部门联合发文，明确对节约能源、使用新能源车船的车船税政策优惠。2012 年以来，工信部、国税总局曾先后发布三批节约能源、使用新能源车辆减免车船税的车型目录，第三批目录包含 2000 多款车船。2018 年 8 月 1 日，财政部、税务总局、工业和信息化部、交通运输部下发《关于节能新能源车船享受车船税优惠政策的通知》，要求对符合标准的新能源车船免征车船税，对符合标准的节能汽车减半征收车船税。车船税通过对不同排量的车辆、船舶分档计征税额，对使用新能源车船实行税收优惠政策，间接地促进了生态环境保护。

耕地占用税开征于 1987 年，征收目的是促进土地资源的合理运用，保护农用耕地。2008 年对耕地占用税进行了调整和改革，自 2008 年 1 月 1 日起，实行新的耕地占用税。其后，为进一步规范和加强征收管理，提高耕地占用税管理水平，国家税务总局制定了《耕地占用税管理规程（试行）》，自 2016 年 1 月 15 日起施行。我国的耕地占用税税额逐年增长，1987 年刚开始征收时，当年的耕地占用税收入只有 2.4 亿元，到了 2017 年，全国的耕地占用税收入已达到 1651.89 亿元。

这两个税种在税收体系中，属于小税种，征收的税额优先，但是仍对环境保护起到了促进作用。

从总体上看，我国当前与生态环保相关的税收收入规模较小

（见表3－7），征收力度有限，建立并完善适合我国国情的生态环境保护税收体系，是今后的改革方向。

表3－7　　2007～2017年与环保有关的主要税种收入及占比情况

单位：亿元

年份	资源税	城建税	城镇土地使用税	耕地占用税	车船税	各税种之和	占税收收入比重（%）
2007	261.15	1156.39	385.49	185.04	68.16	2056.23	4.51
2008	301.76	1344.09	816.90	314.41	144.21	2921.37	5.39
2009	338.24	1544.11	920.98	633.07	186.51	3622.91	6.09
2010	417.57	1887.11	1004.01	888.64	241.62	4438.95	6.06
2011	595.87	2779.29	1222.26	1075.46	302.00	5974.88	6.66
2012	904.37	3125.63	1541.72	1620.71	393.02	7585.45	7.54
2013	1005.65	3419.90	1718.77	1808.23	473.96	8426.51	7.62
2014	1083.82	3644.64	1992.62	2059.05	541.06	9321.19	7.82
2015	1034.94	3886.32	2142.04	2097.21	613.29	9773.8	7.82
2016	950.83	4033.14	2255.74	2028.89	682.68	9951.28	7.63
2017	1353.32	4362.15	2360.55	1651.89	773.59	10501.5	7.27

二、激励性税收优惠

从1984年实施的产品税到现行的增值税、企业所得税等与环境保护相关的税种，从最初的对利用“三废”产品予以减免税到如今以资源综合利用、清洁能源和生态环保产品为主要激励对象，我国已经初步形成了以增值税、企业所得税等相关条例构成的环境保护激励政策体系，并逐步完善和规范。

1. 增值税的相关税收优惠政策

增值税是以商品（含应税劳务）在流转过程中产生的增值额作为计税依据而征收的一种流转税。在增值税相关政策的补充和完善过程中，促进资源综合利用、有利于环境保护的减免税规定逐渐增多，具体见表3－8。

表3－8　促进生态环保的主要增值税税收优惠政策

优惠方式	税收优惠的部分内容
免征	对利用“三废”产品生产的产品免征增值税； 2001年5月1日起，对废旧物资回收经营单位销售其收购的废旧物资免征增值税；对各级政府及主管部门委托自来水厂（公司）随水费收取的污水处理费，免征增值税。 2008年6月1日起，纳税人生产销售和批发、零售有机肥产品，免征增值税。 2009年1月1日起，再生水、以废旧轮胎为原料生产的胶粉、翻新轮胎、生产原料中掺兑废渣比例不低于30%的特定建材产品、污水处理劳务，免征增值税
减半征收	2001年1月1日起，利用煤矸石、煤泥、油母页岩和风力生产的电力，部分新型墙体材料产品，增值税应纳税额减半征收。 2004年1月1日起，利用石煤生产的电力，增值税应纳税额减半征收
即征即退	2004年1月1日起，对燃煤电厂烟气脱硫副产品实行增值税即征即退政策。 2009年1月1日起，销售下列自产货物实行增值税即征即退的政策：以工业废气为原料生产的高纯度二氧化碳产品、以垃圾为燃料生产的电力或者热力、以煤炭开采过程中伴生的舍弃物油母页岩为原料生产的页岩油、以废旧沥青混凝土为原料生产的再生沥青混凝土、采用旋窑法工艺生产并且生产原料中掺兑废渣比例不低于30%的水泥（包括水泥熟料），实行增值税即征即退政策。 2009年1月1日起，销售下列自产货物实行即征即退50%的政策：以退役军用发射药为原料生产的涂料硝化棉粉、对燃煤发电厂及各类工业企业产生的烟气、高硫天然气进行脱硫生产的副产品、以废弃酒糟和酿酒底锅水为原料生产的蒸汽、活性炭、白碳黑、乳酸、乳酸钙、沼气、以煤矸石、煤泥、石煤、油母页岩为燃料生产的电力和热力、利用风力生产的电力、部分新型墙体材料产品
先征后退	对销售自产的综合利用生物柴油实行增值税先征后退政策

资料来源：根据国家相关部委发布的文件整理得到。

2. 企业所得税的相关税收优惠政策

随着生态环境保护观念逐步加深，企业所得税实行了一系列有利于生态环境保护的税收优惠政策，以促进企业在生产过程中注重节能环保。2008 年，我国统一了内、外资企业所得税征收制度，统一后的《中华人民共和国企业所得税法》于 2008 年 1 月 1 日起施行。统一后的企业所得税法在优惠范围、优惠力度方面都大大加强，具有明显地促进环境保护的政策导向（见表 3 -9）。今后，企业所得税还将朝着税种“绿色化”发展方向，进行进一步改革。

表 3 -9　　促进生态环保的企业所得税税收优惠政策

优惠方式	税收优惠的部分内容
税前扣除	企业依照法律、法规有关规定提取的用于环境保护、生态恢复等方面的专项资金，准予扣除。 CDM 项目实施企业按照相关规定，将温室气体减排量的转让收入，按照规定比例上缴国家的部分，准予在计算应纳税所得额时扣除
免征与减征优惠	企业按照“财税〔2009〕30 号”规定，对清洁基金取得的 CDM 项目温室气体减排量转让收入上缴国家的部分，国际金融组织捐款收入，基金资金的存款利息收入、购买国债的利息收入，国内外机构、组织和个人的捐款收入免征企业所得税。 企业从事符合条件的环境保护、节能节水项目，自项目取得第一笔生产经营收入所属纳税年度起，第一年至第三年免征企业所得税，第四年至第六年减半征收企业所得税（即：实行“三免三减半”的税收政策）
减计收入	企业使用相关优惠目录规定的资源作为主要原材料，生产国家非限制和禁止并符合国家和行业相关标准的产品取得的收入，减按 90% 计入收入总额
税额抵免	企业购置并实际使用相关税收优惠目录中所规定的环境保护、节能节水、安全生产等专用设备的，该专用设备的投资额的 10% 可以从企业当年的应纳税额中抵免；当年不足抵免的，可在以后 5 个纳税年度结转抵免

资料来源：根据国家相关部委发布的文件整理得到。

三、排污费制度

我国自 20 世纪 70 年代末期开始，实施排污费制度，1982 年《征收排污费暂行办法》实行，标志着排污收费制度正式建立。随后，这一制度历经几次改革，收费范围逐步扩大、收费标准不断提高、收费程序日渐严格。实行排污费制度对于减少企业污染物的排放，提高企业生态环保意识，发挥了重要作用。2018 年 1 月 1 日起，《环境保护税法》开始实施，排污费制度同时废止。

2003 年 7 月 1 日起，《排污费征收标准管理办法》开始实行，新办法提高了从量计征标准，同时规定，排污费 100% 用于环境污染防治，列入环境保护专项资金进行管理。从绝对规模上看，我国排污费征收规模虽然呈波动状态，但总体上呈上升趋势，但是上升幅度不大。从相对规模上看，排污费占全国财政收入的比重呈现总体下降的趋势（见图 3－10）。从实施效果看，征收排污费在减少污染物排放、筹集环保资金方面起了重要作用。

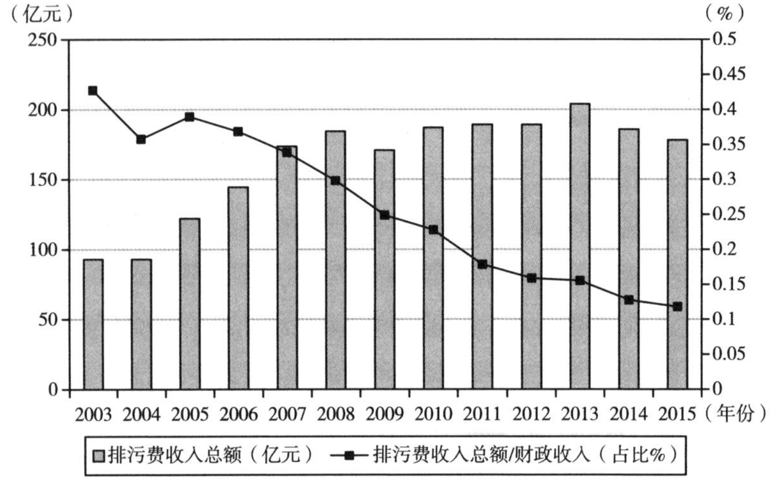

图 3－10　2003～2015 年全国排污费征收情况及占财政收入比重

资料来源：历年《中国环境统计年鉴》和《中国财政年鉴》整理得到。

总体来看，我国实施的与生态环境保护相关的税收政策和排污收费制度，对于促进生态环境保护，发挥了一定的积极作用，但是作用的大小尚需验证。

第三节　我国环境保护财政政策存在的问题分析

近年来，按照生态文明建设的要求，我国各级财政部门不断创新财税政策，加大财政投入力度，支持生态环境保护，引导和扶持绿色产业和绿色消费，有效地改善了我国的环境状况。但是从环境污染治理的角度看，环境保护财政政策的完善和财政支出的大幅增加，并没有从根本上遏制我国生态环境恶化的趋势。尤其是现行体制下，在我国促进环境保护的环境经济政策中，财政政策的力度与系统性还不强，现行的环境保护财政政策在促进生态环保方面仍明显落后于现实的需要。

一、我国的生态环境形势依然严峻

近年来，我国的生态环境状况有所改善。据生态环境部发布的历年《中国生态环境状况公报》公布的数据，我国的空气质量连续5年持续改善。2018年，全国338个地级及以上城市平均优良天数比例为79.3%，比2017年上升1.3%；1935个国控地表水水质断面中，Ⅰ~Ⅲ类比例为71.0%，比2017年上升3.1%，劣Ⅴ类比例为6.7%，比2017年下降1.6%；海洋生态环境状况总体稳中向好，近岸海域优良海水比例上升；全国生态环境质量优良县域面积占国土面积的44.7%；初步测算，单位国内生产总值二氧化碳排放比2017年下降4%。

我国环境质量恶化的趋势仍未从根本上扭转。《2014年中国环境公报》的数据披露，在161个城市中，仅有16个城市的空气质量年均值达标；《2015年中国环境状况公报》显示，在全国338个地级以上城市中，有265个空气质量超标，比重高达78.4%；2019年5月发布的《2018年中国环境状况公报》显示，在全国338个地级以上城市中，有121个城市环境空气质量达标，仍有217个城市环境空气质量超标，占比为64.2%。此外，从我国在全球环境绩效指数(EPI)①中的排名，也可以印证我国环境质量恶化趋势，尚未得到有效遏制（见表3－10）。

表3－10　中国在全球环境绩效指数评估中的排名情况

年份	参评国家	中国名次
2010	163	121
2012	132	116
2014	178	118
2016	180	109
2018	180	120

资料来源：历年《2018全球环境绩效指数》。

从表3－10可以看出，我国在全球环境绩效指数中的排名一直偏后，尤其是在大气污染全球环境绩效指数的评估中，我国排名更靠后。2014年在参评的178个国家和地区中，我国空气质量排名全球倒数第3位；2016年在参评的180个国家和地区中，空气质量排名倒数第2位；2018年在参评的180个国家和地区中，我国空气质量排名倒数第4位。排名的持续偏后，也从另一个角度说明财政支出的大幅增加，并没有从根本上改变我国环境污染的状况。

二、财政支出方面的问题分析

生态环境保护是一项长期的工作，需要大量资金的投入，财政支

① 环境保护绩效指数（Environmental Performance Index，EPI）：是由耶鲁大学环境法律与政策中心、哥伦比亚大学国际地球科学信息网络中心（CIEsIN）联合研究，在2002～2005年连续4年编制的“环境可持续指数”基础上发展而来的。这份指数报告主要评估各国的空气质量，并以生态活力和环境健康两项指标为基准，对180个经济体应对空气、水等环境问题的能力进行评估。

出是其重要的资金保障。从上述分析可以看出，我国政府对生态环境建设越来越重视，财政支出力度逐年加大，也取得了明显成效。但是我国的节能环保财政支出政策仍存在一些问题，还需要进一步完善。

1. 支出规模与现实需求差距较大

节能环保支出占财政支出比例低、增速慢。自 2007 年以来，虽然我国的节能环保支出规模逐年增加，但是占财政支出总额的比重并未明显增长，始终徘徊在 2% ~3%，与教育、社会保障与就业、农林水等财政支出相比较，不论是绝对规模还是在财政支出中的占比，都相差甚远，即便在生态环境问题持续恶化的时期也没有大幅提高，表明节能环保在整个国家财政体系中的地位并不高。从节能环保支出的增速看，近年来出现明显下降的趋势（见图 3 – 1）。2008 年增幅是 45.75%，2018 年下降至 13.10%，其中 2016 年的增速为负值（ – 1.42%），远远不能满足现阶段我国环境保护的需要。

全社会环境污染治理投资占 GDP 的比例仍然偏低，且近几年有加速下降的趋势。2010 年以前，环境污染治理投资占 GDP 的比重是逐年增加的，占比最高的 2010 年达到 1.84%，随后几年一直维持在 1.5% 左右。2015 年环境污染治理投资出现明显下滑，占 GDP 的比重仅为 1.28%，2017 年更是下降到 1.15%。《世界银行报告》曾指出：一国对环境保护的投入如果低于 GDP 的 1.5%，生态环境有可能继续恶化；如果这一比例高于 1.5%，生态环境将会逐步改善；如果达到并超过 3%，环境将有效改善。美国、德国、日本等发达国家在 20 世纪 70 年代环境污染投资占 GDP 的比例都在 2% 以上，而我国的这一比例近几年低于 1.5%，与世界发达国家的投入差距很大，无法有效遏制生态环境的进一步恶化。

由此可见，我国现阶段节能环保的资金投入与现阶段的资金需求之间仍有较大缺口。

2. 缺乏稳定合理的增长机制

持续增长的财政支出是有效开展生态环境保护与污染治理工作的资金保障。我国的节能环保财政支出规模虽然总体上呈现上升态势，但是增长率起伏很大（见图3－1）。从数据上看，2008年的增长幅度最大，达到了45.75%，随后的2009年和2010年分别为33.26%、26.26%，虽然增速有所下降，但是仍保持了高速增长的态势。2011年增速大幅降至8.15%，此后除2015年以外，其他年份的增长率都在20%以下，2016年甚至出现负增长。2017年增速开始回升到18.64%，2018年为13.10%。

究其原因，2010年前，环境保护财政支出科目刚刚设立不久，生态环境保护受到各级政府的重视，加之2008年举办北京奥运会和应对世界金融危机的需要，我国政府加大了财政投资的规模，特别是在2009年推出了“4万亿计划”，其中投资重点方向包括节能减排和生态工程，这也为环境保护注入了大量资金。2010年后，在“保持经济平稳快速发展”思想的指导下，对生态环境的重视程度有所下降，带来了环境保护投入的快速回落。2016年受能源节约利用及能源管理事务支出大幅下降的影响，节能环保支出增幅出现负增长，随后逐渐回升。

节能环保支出增长率的起伏表明，我国环境保护财政支出受国内外经济环境和国家政策的影响较大，在一定程度上仍然带有“应急导向”“环境问题导向”，缺乏持续性、制度性的稳定增长机制，资金来源也十分有限，各级政府尤其是地方政府对生态环境保护的重视程度也有待提高。

3. 中央和地方环保事权和支出责任边界不清晰

中央和地方政府的环保事权、支出责任和财权不匹配，是长期困扰我国生态文明建设的重要问题之一。从实际数据看，历年地方政府节能环保支出（含中央对地方的转移支付）占全国节能环保支出的比重均为90%以上（见表3-1），由此可知，地方政府承担大部分节能环保财政支出责任，而中央政府环保支出责任则显得不足。作为地方政府环保支出的重要资金来源，中央政府的转移支付资金占地方政府的支出比重逐年降低（见表3-1），加之分税制后，地方政府的财权弱化，财力有限，进一步加重了地方政府的支出压力，造成某些地方政府无力承担相关法律要求的全部支出责任，加剧了生态环境治理的难度。

4. 财力不足与财政支出效率不高并存

一方面，从总体上看，我国政府节能环保支出规模相对不足，特别是在当前经济增速下降、财政收入增幅减缓的情况下，基层财政困难问题突出，不可能在短期内大幅增加生态环保的支出；另一方面，财政支出管理不当，资金利用效率不高。具体体现在：首先，环保财政投资绩效评价机制不完善。以污染防治专项资金为例，目前，我国已经制定了大气、水、土壤污染防治以及农村环境保护等专项资金管理办法，也在管理办法中规定要“加强预算绩效管理、完善绩效目标管理、做好绩效监控和评价”，但是，除已制定了《水污染专项资金绩效评价办法》外，大气、土壤、农村环境整治等专项资金均未制订具体的绩效评价办法和相关配套政策，使资金使用绩效与资金分配缺乏联动机制，降低了资金使用效益。其次，环保专项资金使用方式亟须优化。财政环保专项资金重建设、轻运营，只能用于环境污染治理设施建设，不能用于补助运营，致使许多项目虽然形成固定资产，但却成为“晒太阳工程”，后期运行费用缺乏稳定来源，造成环保设施闲置、浪费，投资效益不能充分发挥。

三、税收政策方面的问题分析

税收是国家财政收入的主要来源，是国家提供公共产品、履行公共职能的重要保障。2018 年 1 月 1 日起，《环境保护税法》开始实施，同时排污费制度废止。当前，我国生态环保收入性财政政策主要是与环保相关的各项税收政策。我国与生态环境保护相关的税收，不仅有对环境保护的激励约束性功能，还具有筹措资金，为生态文明建设扩大资金来源渠道的功能。本部分的讨论，也是围绕环境保护税收政策展开。

1. 环境税收政策体系尚不完善

我国现行的环境税收政策体系由新近实施的环保税和已经实行多年的资源税、增值税、消费税、城建税、车船税等其他相关税种组成。《中华人民共和国环境保护税法》的实施，标志着我国绿色财税体制的初步建立，对促进生态环境保护和生态文明建设有着重要意义。环境保护税的开征是我国建设绿色财税体制的探索，作为环境税收体系中的主体税种，其在税制要素设计方面有待完善，对环境保护、资源保护和生态保护的作用尚未得到有效发挥，其他税种也需要在原有基础上进行完善。

首先，作为环境税收体系的主体税种，环保税的征税范围过窄。我国对环境质量影响很大的主要污染源是二氧化碳和氮氧化物，工业排放的占比较大。目前实施的环保税只针对四大类污染物进行征税，且没有将二氧化碳等排放纳入征税范围，这极大地削弱了环境保护税的功能。无论从承担国际责任的角度还是从国内经济可持续发展的角度考虑，都应该将二氧化碳纳入征税范围。从国际上看，我国政府已经签署了应对气候变化的巴黎协定，作为二氧化碳排放大国，我国应积极参与建立新的低碳经济国际机制，避免被动。从碳减排国内需求层面看，我国能源消费总量持续增长，对二氧化碳排放征税，有利于减少我国的能源消耗、改善能源结构、提高能源使用效率，实现经济的可持续发展。另外，这次实施的环保税纳税义务人是企业事业单位和其他生产经营者，没有对居民的污染行为征税，而居民生活垃圾的排放也会产生严重的环境污染，且处理成本很高，应纳入征收范围。

其次，作为主要约束性税种的消费税和资源税的调节力度不够。从消费税征收的效果看，进一步发挥其调节作用的空间仍然很大。一方面，目前消费税收入的主要来源是卷烟、成品油、酒等，仍有不少高污染、高能耗的产品，如一次性塑料制品、电子垃圾等没有纳入征税范围，因此消费税的征收范围可以适当扩大。另一方面，目前我国消费税收入占当年税收收入的比重约8%，占当年GDP比重约1.3%①，而世界上的发达国家消费税一般占税收收入的10%以上，占GDP的3%以上，因此仍有征税空间。从资源税征收看，经过多次改革与调整，资源税的税收负担和计征方式都有了改善。但是资源税的征税范围狭窄，纳入征税对象的资源也未完全反映其环境资源价格，这些都限制了资源税在保护自然资源方面作用的发挥。

2. 税收优惠政策不尽合理

目前我国已经建立了以增值税、企业所得税相关制度为主的环境税收激励政策，发挥了税收对生态环境保护的导向作用。但现行的税收优惠政策在覆盖范围、激励方式、激励力度等方面仍存在一些问题，需进一步完善。

首先，优惠措施的覆盖面不尽合理。一方面，优惠范围窄。以所得税优惠为例，我国目前只对企业利用“三废”为主要原料进行生产的所得实行优惠政策，且必须符合《资源综合利用目录》，并达到税法规定的比例要求。大量新兴环境服务业没有纳入优惠范围，利用该目录以外的其他废弃物以及节约自然资源的企业，也得不到税收优惠。另一方面，部分优惠措施有悖于环保理念，例如，对农膜、农药等高污染产品免征增值税，其初衷是促进农业发展，但却加重了对生态环境的污染和破坏。

① 数据来源：根据《中国财政年鉴》和《中国统计年鉴》的相关数据计算得到。

其次，优惠方式单一。我国对用国家规定的废弃资源为主要原料从事生产的、在节约能源和防治环境污染方面提供专有技术、利用清洁能源生产的企业或个人，给予增值税、消费税、营业税、所得税、城建税等方面的税收减免。税收优惠政策的方式大多是最直接的优惠或事后补偿，而发达国家通行的再投资退税、延期纳税等形式应用的很少。

另外，税收优惠的约束条件过多。例如，对高新技术企业的认定等设定的约束条件过多，而我国的节能环保企业大多是中小企业，只有少数能够获得高新技术企业资格，大多数企业难以享受税收优惠。

3. 税收征收管理有待加强

从我国目前的税收管理现状看，税收征收管理的协调性不够。主要体现在：一是方法协同不够。税收扣除、优惠税率、加速折旧、优惠退税、延期纳税等政策工具往往各自为政，缺乏统一的运用体系，降低了税收工具的整体效率，政策工具的效果也大打折扣。二是各部门协调不够。长期以来，我国的税收征管工作主要由税务部门负责，而环保税法是我国第一部明确写入部门信息共享和工作配合机制的单行税法。征收部门为税务机关、环保部门相配合，确定了“企业申报、税务征收、环保监测、信息共享”的税收征管模式。环保部门没有了排污费收入的来源，而环保监测工作成本高、任务量大，如何协调好部门之间的利益关系，成为新的问题。

通过上述分析可以看出，我国的环境税收体系尚不完善，现行的环境税收政策还存在范围窄、功能有限等问题，制约了税收手段在生态环境保护方面作用的发挥。未来的环境税制改革应针对这些不足，并借鉴发达国家的经验，立足我国国情，建立具有中国特色的、能有效促进生态环境保护的税收政策体系。

第四章　发达国家环境保护的经验借鉴

环境污染是随着工业生产的发展而严重起来的，率先完成工业革命的发达国家也是最早出现环境污染的国家。发达国家面对日益严峻的生态环境形势，采取了许多行之有效的政策和治理措施，这些国家的成功经验，对我国的生态文明建设，具有重要的现实意义。本章着重介绍了美国、英国、日本的生态环境保护体制和政策，希望能对我国环境保护财政政策的完善提供借鉴。

第一节 美国环境保护的实践

多年来，美国的国内生产总值一直居于世界首位，2018 年美国国内生产总值（GDP）总量首次突破 20 万亿美元，达到了 20.49 万亿美元。同期，作为世界第二大经济体的中国的国内生产总值（GDP）总量是 13.61 万亿美元，与美国相比还有很大差距。美国是世界第一经济强国，它的各种资源消耗也占了世界很大比例，在其工业化进程中，它的环境污染问题也一度十分严重，20 世纪 60 年代，美国成为世界上最大的污染源之一，后来采取转变发展方式和加强环境治理等措施，环境状况才开始好转。自 20 世纪 50 年代爆发环境公害事件以来，美国政府在生态保护和环境治理方面制定和实施了严格的环境保护政策，取得了显著成效，它的经验值得我国借鉴。

一、美国环境保护管理体制

美国是联邦制国家，各级政府在宪法上相对独立，并在法律规定的范围内独立行使各自的职权。联邦、州和地方政府共同在环保领域承担起相应职责，形成了各级政府在环保领域的分权模式。

美国联邦政府的环境保护职责分散在多个管理机构中，联邦政府通过有效的协调机制，实现对各部门的管理。

1970 年 1 月 1 日，尼克松总统签署实施《国家环境政策法》，并于同年 12 月正式成立美国环保局（EPA）。美国环保局是美国联邦政府的一个独立行政机构，也是美国生态环境保护最重要的管理机构，环保局局长由美国总统直接任命，环保局直接向美国总统负责。环保局的主要职责是根据国会颁布的环境法律制定和执行环境法规，从事或资助环境研究及环保项目，加强环境教育以培养公众的环保意识和责任感。根据环境监管的需要，美国环保局将全美划分为 10 个大区进行管理，并在每个大区设立区域环境办公室和实验室，因此，环保局的主要机构包括设立在哥伦比亚地区的总局和设立在美国不同地区的环境办公室和实验室。总局的职责是制定国家环境政策、监督区域环境办公室和实验室的工作以及向国会申请预算资金等。地区环境办公室的主要职责是监督地方政府执行联邦政府的环境法律和美国环保局的政策，协调解决跨行政区域的环境管理问题。地区实验室则从事研究测评工作，为实施项目进行评估。

根据《国家环境政策法》规定，1969 年成立了美国环境质量委员会（CEQ），其主要职责是：协助总统编制环境质量报告；根据总统的要求提出有关政策与立法等事项的研究、报告和建议；向总统及各政策机关就有关政策与计划提出建议；促进环境指标和监测系统的建立和使用等。1993 年 6 月，克林顿创建了总统可持续发展委员会（PCSD），这是一个联邦咨询委员会，该委员会的职责是协助制定把经济发展和开拓就业机会与环境保护有机地结合起来的政策。

此外，美国的一些自然资源、能源等环境保护职能还分散在几个联邦政府的内阁组成部门之中。例如，美国内政部（DOI）是政府主要的资源保护机构；美国能源部（DOE）主要负责国家核能研发和核安全工作；美国农业部（DOA）下属的林业局和土地保护局则负责自然资源和环境保护等工作。

就美国联邦政府和州政府的关系而言，联邦政府和州政府各自享有主权。联邦政府主要负责宏观层面和跨界污染物的相关法规、政策的制定，各州政府全面负责州辖区内的环境质量。以美国大气污染治理为例，美国的《空气清洁法案》规定，各州政府有权制定和执行本州的污染控制法案，但这些法案需要满足联邦政府的最低标准，允许各州申请作为空气清洁法的主要执行者。尤其是 20 世纪 80 年代后，落实清洁空气的主要责任从联邦政府转移到了各州和地方政府。在大气污染治理过程中，联邦政府与州政府互相配合有效互动，州政府空气污染的政策会影响联邦政府清洁空气立法的内容，联邦法案不仅汲取州政府的政策内容，还非常注重对地方政府法案的支持与强化。在法律上，美国各州的环保局不隶属于联邦环保局，而是依据各州的法律独立履行职责，并向州政府负责，同时接受美国环保局区域办公室的监督检查。

美国环保局建立了多个区域大气环境管理机制，例如，南加州海岸空气质量管理、臭氧污染区域管理（OTR）、能见度保护与区域灰霾管理等。在这些区域内设立统一管理机构，加强跨界合作，运用各种综合手段进行协调和管理。

二、美国的环境保护制度建设

美国政府在生态环境保护中发挥着主导作用，环境保护政策则是建立在以法律为基础上的。

1970 年年初，尼克松总统签署了由国会通过的《国家环境政策法》，这是第一部使环境保护成为国家政策的法规。该法律的主要内容有两项：一是确立了国家环境保护目标，并规定了国家的环境政策；二是成立了环境质量委员会（CEQ）。《国家环境政策法》是综合性的环境成文法，它构建了美国环境政策的基本轮廓，时至今日，仍然发挥着重要作用。随后，美国陆续制定了完备的环境保护法律体系。美国于 1970 年通过了《清洁空气法》，并先后于 1977 年和 1990 年进行了两次修订，通过修订增设了运行许可证制度，形成了一系列完整的污染防治法律体系。1972年颁布了《清洁水法》，确立了美国水污染防治管理体制的基本框架。同年，国会通过了《噪声控制法》，1978年又通过了《宁静社区法》，将改善生活环境、控制噪声对人们生活的危害作为一项国家政策。1976年出台了《资源保护和回收法》，这是一部对危险废物实施全过程监控的综合性环境基本法。此外，还有《环境教育法》《职业安全和健康法》等。20世纪90年代后，美国还陆续颁布了《污染预防法》《能源法》《有机农业法》等法律，对涉及生态环境保护的事宜做出严格规范。

为了保护生态环境，美国政府还采取了政府采购、环境税、排污收费、排污权交易等各种环境经济政策，并取得了显著成效。

美国民间自发的各种社团是保护生态环境的重要力量，美国政府非常注重发挥这些社团组织的作用，让它们参与到环境保护的立法和行业标准的制定过程中。政府还采用各种方式提高公众的环保意识，鼓励公众广泛参与生态城市的规划与建设。

由此可以看出，美国政府从多方位着手，采用法律、经济以及行政的方式和手段，制订各种具体的政策措施。并广泛发挥社团组织的作用，提高公众的参与意识与参与能力，从而保证生态环境保护政策的落实和目标的实现。

三、美国的环境保护财政政策

首先，美国的环境保护财政支出占美国财政总支出的比重很大，并整体上呈上升趋势。1993～2009年，每年环保财政支出稳定在70亿美元左右，2010～2017年，稳定在80亿美元以上。[①] 美国的环境保护财政支出主要包括运行费、信托基金、基础设施融资和分类补助款四个方面。随着经济、社会发展水平的变化，在不同时期，环境保

① 朱小会，陆远权．美国与欧盟环境保护财税政策经验及启示［J］．环境保护，2018（14）．

护财政支出的重点也会随之调整，环保财政支出在美国的生态环境保护工作中起到了举足轻重的作用。

其次，美国的环境税保护费制度。美国于20世纪70年代初开始实施环境税费制度，最初只是在全国范围内对硫化物的排放行为征税，1987年开始正式对排放一氧化硫和一氧化氮的行为征税。此后逐步扩大征税范围，至今已经形成了相对完善的联邦和州两级环境税费制度。在联邦政府层面，主要的环境税收有：对损害臭氧层的化学品征收的消费税；对原油和石油产品征收的汽油税；对应税化学品的制造者、生产者和进口商征收的化学品消费税以及对进口商进口税目表中的应税消费品，并在美国销售、使用、储存所征收的进口物品税。在州政府层面，主要的环境税收有：汽油税、开采税、对固体废弃物处理的收费制度等。此外，美国税法中有许多鼓励使用清洁能源的税收优惠政策。在较为完善的环境保护税收制度体系和税务管理下，美国的环境税费制度取得了较好的效果。

第二节 英国环境保护的实践

18世纪60年代，第一次工业革命首先从英国发起，并将人类带入了工业文明时代。到了19世纪中叶，英国率先完成了工业革命，很快成为世界霸主。工业革命不仅使英国的生产力迅猛发展，也带来了严重的环境问题。1952年，英国爆发“伦敦烟雾事件”，由此，环境污染问题逐渐成为英国民众关注的热点问题，与此同时，英国政府也开始加大对环境的监管力度。

一、英国的环境保护管理体制

英国由英格兰、苏格兰、威尔士和北爱尔兰构成，四个组成国具有除国防、政治、外交和税收以外的独立立法权。英国的环境保护管理体制主要分为三级：环境食品农业部、环境署和地方政府。英国环境食品农业部是英国政府的内阁部门之一，主要负责制定、发布与环境保护相关的政策法规、指令等。英国环境署是执法机构，负责执行环境食品农业部制定的各项政策法规。地方政府则负责管理本辖区内的生态环境保护工作。

英国的环境食品农业部是在整合了前农业渔业和食品部、环境运输和地区部以及内政部的部分职能的基础上建立的，主要负责环保政策制定。它为环境署和地方政府设定了7类空气污染（苯、丁二烯、一氧化碳、铅、二氧化氮、颗粒物、二氧化硫）的目标值，为国家设立了2类空气污染物（臭氧和可吸入颗粒物）的目标值。①

英国环境署成立于1996年，总部设立在英格兰、苏格兰等地，在各郡成立分支机构。它有来自不同专业的技术人员，能够有效地解决综合性的环境问题。环境署除了执行环境食品农业部下达的各项法规和指令外，还需要履行下列职责：对污染土地恢复工作进行管理，实施“改善大气质量战略”，并发布环境状况报告。该机构的实际工作主要集中在实施环境法规、防止和减少废物污染、加强环境教育和对国内政府各部门及欧洲各国政府施加有利影响等方面。

英国的地方政府主要分为大区、郡、自治市和教区。中央政府与地方政府之间、地方各级政府之间均没有直接的隶属关系，各级政府是平等的自治体，各地方政府在中央政府设定的法律法规以及各项政策的总体框架内履行职责。英国地方政府将生态环境保护作为自己的重要职责，各地方政府都设立了负责环境管理的职能机构，地方政府的环境保护管理部门主要履行辖区内的城镇与乡村规划、大气污染控制、噪声控制、公共健康、废弃物处理等职责。在管理机构设置上，

① 许建飞．浅析20世纪英国大气环境保护立法状况［J］．法制与社会，2014（5）．

四个组成国有所区别，中央政府对地方环保机构的具体设置和人员数量没有统一要求。以英格兰为例，英格兰的环境保护和环境治理工作由环保总署负责，环保总署下设环境和企业部、资源和法律事务部、执行部、洪水和海岸风险管理部、财务金融部、数据中心以及调查取证部。环保总署经费68%来自中央政府拨款，28%来自收费，4%来自捐赠。①

英国还设立了与中央政府机构相对应的各种环境委员会。1969年，英国政府成立了皇家环境污染委员会（RCEP）。委员会成员由各领域的专家组成，分别负责涉及法律、经济、技术和社会等各方面的环境问题。RCEP的工作，对促进环境政策的跨部门整合和环境污染控制一体化，起到了推动作用。在此基础上，英国政府又组建了中央环境污染科学防治小组，协助政府解决环境保护相关的各项事务。1970年，成立了负责管理空气污染、水质管理、土地规划和噪音污染等与环境相关的环境事务部。此外，，英国在下议院设立了环境审计委员会，负责评估政府行为对生态环境保护和可持续发展所产生的影响，审计各部门设定的环境保护目标的履行情况，并向下议院定期报告年度审查、财政预算和气候变化项目等内容。

二、英国的环境保护制度建设

英国是最早爆发环境污染的国家之一，也是最早通过立法对环境污染进行治理的国家。英国的环境保护制度建立在一套完备的法律法规基础上，并形成了一套行之有效的生态环境保护政策，同时创新了公众参与机制。经过100多年的探索，已经形成了较为完备的环境保护制度体系。

首先，建立健全生态环境法律法规。伦敦烟雾事件后，英国政府

① 中央编办赴英国培训团．英国的环境保护管理体制［J］．行政科学论坛，2017（2）．

采取了多种方法来缓解大气污染，立法是其中最主要的措施之一。1956 年英国政府颁布了世界上第一部关于空气污染防治的法律《清洁空气法》，这部法律规定具体、措施得当，执行严格且执法简单，堪称环境保护法案的典范。1963 年颁布了《水资源法》，标志着地表水和地下水的使用正式确立了许可证制度。此外，还先后颁布了《噪声控制法》（1960 年）、《核设施安装法》（1965 年）、《森林法》（1967）、《清洁大气法》（1968 年）、《农业法》（1970 年）等一系列涉及环境保护的法律。1974 年，英国颁布了《污染控制法》，使英国环境保护及环境立法进入了一个新的阶段。20 世纪 80 年代以后，英国继续加强环境立法，颁布了《天然气法》（1980 年）、《野生生物及乡村法》（1981 年）、《能源保护法》（1982 年）等法律法规。同时，1982 年修订的《刑法》增加了对危害环境的犯罪行为实行刑事制裁的规定。进入 20 世纪 90 年代，城市和家庭废弃物对环境的危害日益严重，为此，英国政府分别于 1990 年和 1992 年出台了《环境保护法》和《废弃物管理法》，用来管理和规范废弃物的处理等问题。通过几十年环境保护立法和执法的实践，环境保护理念深入人心，环境保护法规在民众心中的权威逐步确立。

其次，完善生态环境保护政策。英国政府调动了国家、企业、个人等多方面的力量，通过多种方式和渠道促进生态环境保护。在鼓励农田退耕或休耕造林方面，英国政府对于在退耕或休耕的农田上进行植树造林的行为进行一定的补助。1988 年，英国政府建立了农用林地基金，用以补偿农民因在退耕或休耕的农田上造林而造成的经济损失。为了吸引社会投资流入造林业，英国实施了林业优惠税收保障制度，除经营林地的费用外，林业收入不纳入收入税和企业税征收范围。在合理利用水资源方面，英国政府制定了较为完善的水资源利用政策，并设立了委员会和税务公司等专门的水资源管理机构。随着生态环境的变化，英国政府不断完善水资源的利用政策。目前，英国的环境保护部门仍然在不断修订水资源的利用政策，对于水源和水质量的目标进行详细合理的确定。在应对气候变化方面，英国是世界上最先征收气候税的国家。在征收气候税的同时，对合理控制气体排放的企业，制定了气候税的减征政策。这些鼓励政策有效治理了英国温室气体的排放，促进了英国气候的改善。

此外，英国政府还实施了一系列引导和鼓励民众参与环境保护的政策措施。例如，鼓励民众不使用一次性塑料袋，为消费者提供免费的、可重复使用的袋子，有效避免了消费者的产品给环境造成的危害。这些政策的合理实施，都很好地抑制了产品消费对于环境的影响。

三、英国的环境保护财政政策

英国在环境保护和治理过程中，非常注重利用税收、补贴、收费等财政手段，引导和调节企业和个人的生产和消费模式，促进节能环保的开展。

在财政政策中，税收政策是最有效的措施之一。英国的环境税体系是一个复杂的税收体系，主要包含垃圾填埋税、气候变化税、石方税、燃油税等多个税种。其中垃圾填埋税、气候变化税和石方税是纯粹意义上的环境税，征税的主要目的就是矫正经济行为所产生的负外部性。这三种税虽然税收收入并不高，占财政收入的比重也很小，但是其对环境保护的导向性很强，在环境税体系中占主导地位。垃圾填埋税从 1996 年开始征收，是英国针对垃圾处理征收的最主要的税种，征税的主要目的是使垃圾填埋产生的外部性内部化。2001 年英国正式开始征收气候变化税，主要是针对碳排放征收的一种税，征税的主要对象是排放二氧化碳的能源类产品。2002 年 4 月英国开始征收石方税，主要是为了弥补在开采岩石、砂、碎石过程中所产生的环境成本，以税收的手段调节岩石、砂、碎石等产品的使用成本，从而引导企业和个人的行为。英国自 2008 年起开征机动车环境税，根据机动车二氧化碳排放量征收，鼓励消费者选择低碳排放汽车。

财政补贴也是调节经济和社会生活的一种手段。英国政府通过财政投入和财政补贴，扶持清洁能源和低碳经济的发展和老旧能源设备的改造，以此促进能源结构调整。例如，英国对于企业和研究机构研发新技术、新产品，英国政府给予其费用总额70%的资助。居民改造老旧燃炉的费用，英国政府补贴40%，对采用可再生能源供暖的家庭户均补贴1000英镑。

英国政府还通过实施政府绿色采购政策，扶持环保产业的发展。英国对可再生能源电力实施政府采购，推动可再生能源电力的发展。英国政府绿色采购占政府采购的份额超过了30%①。

此外，英国伦敦为减轻交通拥堵和空气污染，从2003年起对进入市中心的私家车征收“拥堵费”。并逐步对环保、低能耗车辆实行减免，由此获得的收入用于改善伦敦的公交系统。

第三节　日本环境保护的实践

20世纪50年代开始，日本在经济高速发展的同时，生态环境遭到严重破坏，爆发了“水俣病”“富山骨痛病”“四日市哮喘病”等一系列环境公害事件，迫使日本政府加强对环境问题的重视和治理。日本政府从建立环境保护机构、完善公害防治法律体系入手，同时采取了加强环境教育，推进公众参与等多方面的措施。进入90年代后，提出可持续发展理念，日本政府逐渐转变环境治理方式，走上了发展循环经济的道路。

---

① 浙江省财政学会．发展低碳经济的财税政策研究［M］．北京：中国财政经济出版社，2011.

一、日本的环境保护管理体制

日本是典型的单一制国家，宪法并不明确划分中央与地方的权利，地方的权利来自中央的授权。日本的财权高度集中于中央政府，而事权大多分散在地方政府，中央政府和地方政府的财政关系非常明晰。

1971年日本成立了环境厅，负责环境政策和环境标准等的制订和推进、协调相关行政机关的环保事务及预算分配。环境厅直接对首相负责，向总理府汇报。1999年，日本进行了国家行政体制改革，环境厅是此次政府机构改革中唯一没有被精简、反而升格并扩大规模的政府部门。从2001年1月起，日本环境厅升格为环境省，并被赋予了制订国土规划中有关环境保护事务的权力。根据日本《环境省设置法》，环境省负责25项工作，包括制订环境保护政策，制订行政机构用于保护环境的经费和委托研究的经费分配计划，制订环境标准，制订防止公害、废弃物排放等政策，负责地球环境保全、自然环境的保护等。日本环境省的主要机构有：废弃物和再生利用对策部、综合环境政策局、环境保健部、地球环境局、自然环境局、大臣官房等。随着日本国家环境管理组织体系的进一步优化，2004年，将环境省下属的国立环境研究所、环境再生保护机构等改为独立行政法人，主要承担研究、咨询、技术、服务等职能工作。2005年10月修订了《环境省设置法》，新设置了水和大气环境局，同时在地球环境局下增加了应对气候变化的课室，并在全国设置7个地方环境事务所，作为连接环境省和地方的核心。此外，将固体废弃物进行了统一管制，提高了全球环境问题和国家公园管理的机构规格。

在中央行政机构中，除了环境省外，经济产业省、农林水产省、国土交通省等几乎所有政府内阁部门都参与相关领域的环境保护事务，形成了统一决策与监督下的多部门合作的环境管理体制。

继1971年日本中央政府成立环境厅后，日本建立了完善的地方环境管理体制，全国都道、府、县等地方单位都相继设立了专门的环境保护机构。从地方的生态环境保护来看，日本的地方政府发挥了重要作用。地方政府不论是在环境管理体制的创新上还是在环境保护的具体工作方面，都走在了中央政府的前面，且地方政府制定的环境标准也严于中央政府。

在生态环境保护和环境治理的中央、地方关系上，日本的地方环境主管部门只对当地政府负责，环境省与地方的业务关系对象是地方政府。在环境保护的业务范围划分上，中央政府负责全国性的法律及环境标准的制订与监督，实施有关空气污染、水质污染以及污染物排放等的管制措施，大气污染相关信息的提供，环境调查、环境监测等。地方政府按照中央环保相关政策，根据当地的环境污染情况，制订地方环境保护政策。地方政府无力承担的事务划归中央或由中央出面协调。若中央政府独立承担的事务最终发生在地方，则作为中央对地方的委托事项处理。为了协调财权集中在中央，事权分散于地方的矛盾，日本建立了规范的财政转移支付制度。

二、日本的环境经济政策

面对日益严峻的环境污染问题，日本政府将环境保护列为重要的施政纲领，通过制定法律法规、大力发展循环经济、推广环境教育与环保理念等措施，持之以恒地进行环境保护和污染治理，终于完成了从“公害大国”向“环保国家”的转变。

第一，制定和完善环境保护的法律法规。日本政府认识到，环境保护的关键在于政府的法律和引导。1958年，日本制定并实施了第一部有关保护水质的法律——《关于保护公共用水区域水质及限制工厂排水法》，1978年在此基础上制定了《水质污染防治法》，有效地控制了水污染，保护了水资源；1962年，日本颁布了《煤烟控制法》，在一定程度上控制了煤烟和粉尘；1968 年以后，陆续制定了《大气污染防治法》《噪声控制法》《海洋污染防治法》《工业公害预调查法》《农药管理法》等多部新的公害防治法。同时还修订了《噪声控制法》等多部已有法律。1971 年，环境厅（2001 年后升格为环境省）成立后，直接对环境问题进行行政干预，此后日本政府从环境省到地方环境保护部门都制定了完善的环境保护法律法规，形成了环境保护法律体系。日本有关生态环境保护的法律体系主要包括：环境保护的基本法、环境保护的专业法、环境保护的综合法、不直接属于环境保护但和环境保护密切相关的法律，如《大气污染防治法》《水污染防治法》《环境影响评价法》等保障生态环境的专门法律文件。完善的生态环境保护法律法规体系，为污染的治理和环境的改善奠定了良好的法律基础。

第二，大力发展环保产业。日本的环保产业包括：环境保护、废弃物处置和循环利用、环境恢复、有利于环境的能源供给、有利于环境的产品和有利于环境的生产过程等六个方面。这些环境保护产业，不仅仅将目标定位于污染型行业，而是包括所有行业。环境保护产业的发展，引导了日本的绿色消费。1989 年，为了进一步引导消费者购买环境友好型产品，日本推出了环境标志制度，带动了环境友好型产品的生产和销售不断上升。进入 21 世纪，日本坚持绿色发展的理念，并将环保产业重新划分为环境污染防治、气候变化对策、废物利用资源化、自然生态保护四大类，政府对这些环保产业给予扶持，促使日本在节能、再生资源利用、新能源等领域成为世界领先的国家。

第三，重视循环经济的发展。20 世纪 90 年代以来，日本开始循环经济型社会法律体系的建设。21 世纪初，日本制定了《循环型社会形成推进基本法》，并相继制定了多个循环经济政策，提出把整个社会建成循环型社会的发展目标。之后又提出了“环境立国”的发展战略，实施“最适量生产、最适量消费、最小量废弃”的循环经济发展模式，成功实现了社会的绿色转型发展。

第四，培养全民环境保护意识和理念。21 世纪后，全民参与生态环境保护是日本环境经济政策的重要内容。从 20 世纪 90 年代开始，日本就将环境保护的理念融入中小学的教育之中，编制了《环境教育指导资料》，从小开始培养日本国民的环境保护意识和理念。日本政府还采取召开环境会议的方式，宣传环境保护的信息和资料，以此激发公众的环境保护热情。2003 年，日本政府颁布了《增进环保热情及推进环境教育法》，这是继美国之后在全世界范围内的第二部环境教育法。在政府的大力宣传和鼓励下，日本国民的环保热情日益高涨，从而促进了日本环境保护政策和措施的顺利实行，也使日本的环境保护与经济发展实现双赢。

三、日本的环境保护财政政策

日本政府制定了一系列环境保护财政政策，在财政投入、政府采购、环境税费制度等多方面对环境保护给予支持。

在财政支出方面，首先是日本各级政府用于环境保护的财政资金不断增加，财政预算资金的专款专用，为日本的节能环保提供了稳定的资金来源。其次是政府的绿色采购制度不断完善。政府的绿色采购对促进日本环境保护的发展，起到了举足轻重的作用。1995 年，日本政府颁布了《绿色政府运作法案》，制定了政府绿色采购的原则和实施时间表。2001 年，日本政府实施了《绿色采购法》，进一步规定政府等单位或部门优先购买环保产品的义务，采取了包括实行环境标识制度、建立政府采购信息网、指定政府绿色采购商品等一系列具体措施，并加强了对绿色采购的监督和督促。2003 年 7 月，日本政府制定了《绿色采购调查共通化协议》，将政府绿色采购延伸到企业层面。此外，日本政府还制定了生态工业园区补助金制度，以此推进生态工业园区的建设。同时，为了协调中央与地方政府间事权与财权的严重不平衡，日本建立了政府间纵向转移支付制度。日本政府主要通过地方交付税和国库支出金完成对地方政府的转移支付，而国库支出金是日本地方政府环境污染治理方面的主要资金来源。例如，日本在大气污染治理上的支出由中央和地方政府共同承担，总体上中央负担1/3，地方承担2/3。

在环境税费制度方面，日本与环境相关的税收主要是能源税和车辆税，通过征税调节温室气体排放。征税的同时，在生产末端治理环节，日本政府实行了许多税收优惠政策，例如，安装废水处理设施、一般用水处理设施和工业用水处理设施的企业，可以免除商业设施税；低尾气排放的汽车、轻型电动汽车可以减免汽车税等，这些激励性政策，对促进企业增加污染治理的投资，发挥了积极作用。

此外，日本政府制定了《废弃物处理法》，一些市町村开始对一般废弃物收取一定的处理费，对粗大的废弃物（如家电）和汽车报废，废弃者也需要支付相关的处理费用。

第四节　发达国家经验对我国的启示

中国是世界上最大的发展中国家，也是近年来经济发展最快的国家。1978～2011年，中国GDP年均增速达到了10.1%[①]，创造了举世瞩目的奇迹。与此同时，粗放的发展模式造成的生态破坏和环境污染，也让我们付出了极大的代价。我国目前所面临的生态环境问题，是大部分发达国家历史上都曾经出现过的，经过持续不断的努力，发达国家大多遏制了环境污染，改善了生态环境，它们的成功经验，为我们提供了很好的参考，值得我们学习和借鉴。

---

① 数据来源：根据历年《中国统计年鉴》计算得到。

一、建立符合国情的环境保护管理机构

从发达国家生态环境保护成功的经验看，它们都建立起了设置完备、权责明确、机制灵活、协同合作、运转高效的生态环境管理体制。

生态环境保护管理部门的职能范围涉及很广，包括环境、自然资源、土地、海洋、生态等多个方面。在发达国家环保部门的职能配置上，各国都根据自身的管理需要，形成了不同的职能配置模式：美国在职能设置上，将污染防治和资源生态分开管理，国家环保局负责环境保护和污染治理，内政部和农业部负责资源生态的保护与管理。美国政府在生态环境保护上发挥着主导作用，在每一个环境保护进程中，都能看到政府的身影，美国总统在环境保护中同样起着至关重要的作用。英国是把生态环境保护、自然资源管理以及污染防治的职能集中到环境食品农业部，将应对气候变化的职能放在了新成立的商业、能源与工业战略部。日本则是将污染防治与生态保护职能相结合，成立了一个综合监管机构，而将林业、农业、海洋等组成另外的综合管理机构。鉴于生态环境管理的综合性和复杂性，大部分发达国家都设置了生态环境管理综合决策协调机构或机制。如美国联邦政府的环境质量管理委员会、日本的中央环境审议会等，以此来促进各部门的横向协调。

中国的环境保护机构成立较晚，随着环境污染问题的日益加剧，政府对环保机构进行了多次改革。1988 年，环境保护机构从城建部的内设司局级单位，变为独立的国务院直属机构——国家环境保护局，2008 年 7 月，升格为环境保护部，成为国务院组成部门，2018 年在中央部委层面进行了职能整合，组建了生态环境部。中国和日本虽然同为单一制国家，但是日本的中央环境管理机关与地方环境保护部门之间相对独立，避免了中国条块并存结构中的双重领导造成的冲

突，借鉴日本的经验，我国应明确各级环保机构的职责，进一步加强基层机构建设。美国是联邦制国家，联邦政府制定环境保护的基本政策，州政府负责具体的实施与管理。美国国家环保机构对地方政府的管理，主要是通过市场经济的手段激发地方政府的积极性，从而促进环境保护政策的落实和实施，这也是值得我们借鉴的地方。

二、明晰中央和地方事权划分

国外发达国家在环境保护和污染治理中，有着非常清晰的政府间职责划分，各级政府各司其职，形成合力。在环保事权的划分上联邦制国家与单一制国家有很大的差异。联邦制国家，宪法对中央政府的权利进行了明确的规定，地方政府具有较大的独立性和自治权，体现在环保事权划分上突出表现为中央政府与地方政府谁对环保责任负责兜底的问题。在单一制国家，权利被赋予了中央政府，中央再授予地方政府，在环保职责上更多地表现为自上而下的层级制，各层级政府之间有着比较明确的职责范围。

美国的联邦政府和州政府同时在环保领域承担各自起相应职责，形成了各级政府在环保领域分权且各司其职的模式，各州政府全面负责州辖区内的环境质量。美国处理联邦政府和州政府之间关系的原则是：州政府在生态环境保护方面负有主要责任，联邦政府的领导与帮助也必不可少。英国政府则通过决策与执行的分离，来保证环境保护法律和相关政策得以贯彻执行。英国环境食品农业部（决策机构）与环境保护署（执行机构）遵循“适距控制原则”，通过契约式的约束确保机构有效地运作。日本的生态环境保护是通过中央与地方分工协作，协调一致进行管理的，日本建立了以环境省为核心的由中央到地方的完整环境行政体制。由于许多生态环境问题具有跨区域、跨流域的特点，许多国家据此设置了区域性环境机构，对相关的生态环保事物进行协调。

合理划分中央和地方的事权和支出责任，一直是我国财政体制改革的关键点和难点。我国的政府间环境保护事权与支出责任划分上，中央或地方的独立财政事权边界划分相对清晰，由此产生的支出责任划分也相对容易，改革的难点在于如何划分中央与地方共同事权和履行支出责任。尤其是在跨流域水污染防治和跨区域大气污染治理中，涉及多个行政管辖区域，各级政府管理的领域和对象重合，且中央和地方政府的信息不对称。对此，我国可以借鉴发达国家设立区域性环境管理委员会的模式，进一步完善中央和地方政府的生态环境保护职能。

三、建立完善的法制体系

从美国、英国、日本这几个国家的环境保护实践看，它们有一个共同的特点，就是立法先行，通过制定完善的法律体系，为环境保护管理部门的执法奠定了基础。美国联邦政府在进行环境治理的过程中，不断加强法制建设。20 世纪 70 年代以来，以《国家环境政策法》为基础构建起了完整的现代环境政策体系，在环境保护中发挥了重要作用。日本从 20 世纪 50 年代至 21 世纪初，逐步建立并完善了环境保护法律法规。从日本立法的发展过程可以看出，其环境保护立法目的在逐步地趋向深化，法律覆盖面也逐渐扩大。日本环境保护法律法规具有极强的可操作性，法律中对于责任和义务的法律主体都有清晰的界定，使日本不同的环保机构在执法时有法可依、有章可循。英国则是最早开始环境立法的国家之一，对破坏环境的行为有严格规范的惩罚措施。在英国，如果有破坏环境等违法行为，可以被处以无限的罚款、相应的民事赔偿和两年的有期徒刑。

相比较而言，我国的环境保护立法较晚，法律体系也有待完善。我国在环境立法中，应学习发达国家的经验，更强调科学性、规范性和可操作性，从而充分发挥法律在环境保护中的作用。

四、完善公众参与机制

从发达国家环境保护的演进过程看，最初的推动力都来自民众，是民众的影响才导致政府对环境问题的关注和重视。充分调动公众的力量，共同参与环境保护，也是发达国家生态环境保护取得成效的重要经验之一。

美国、英国、日本等发达国家非常重视环境教育，并建立起了系统、科学、全面的环境教育体系。例如，日本的环境教育已经覆盖到全民：一方面，日本政府将环境保护的理念融入中小学的日常教育之中；另一方面，政府还通过对社会、高校、企业等不同年龄层的民众进行环境教育，培养国民的环境保护意识和正确的环境观。全覆盖的环境教育，在很大程度上提升了日本民众的环境保护理念，促使国民自觉节约资源、保护环境。美国在 2008 年 5 月正式实行了《环境信息公开办法（试行）》，办法中明确提出要提高公众的参与度。英国则是通过整合各种社会力量，加强政府与企业和环保组织的合作等多种方式，来完善公众的参与机制。

目前，我国的生态环境保护还是以政府为主，公众和民间团体的作用还没有得到认可和发挥。虽然我国也有一些环境保护组织，但是这些组织大多数是政府行为，而不是民间自发产生的。我国应参照发达国家的做法，培养和增强民众的环境保护意识，扩大公众在环境保护上的民主权利和参与范围，突出公众在环境保护中的主体地位，并以法律的形式将公众参与和公民环保权益固定下来，实现政府、社会、企业的共治。

第五章　推动构建人类命运共同体

中国在致力于国内生态文明建设的同时，也在持续地推进国际生态文明的建设与发展。经过40多年的努力，中国从世界环境保护的参与者、贡献者，变成全球生态文明建设的引领者。尤其是党的十八大以来，习近平总书记创造性地提出了构建“人类命运共同体”的倡议，为全球的绿色发展贡献了中国方案、中国智慧和中国力量。

第一节　全球环境保护的兴起和发展

一、全球环境保护的兴起

环境保护兴起的背景。自18世纪70~80年代起，西方国家先后开始了工业化，使其生产能力得到了巨大的发展。在此后的200多年中，人们开始试图全面地改造自然，并自认为自然资源和自然环境能给予的服务能力是无限的，人类社会可以随意地支配和利用它们，而不用对环境进行保护性管理，更不必承担责任。在这段时间内，西方国家在大量索取自然资源的同时，还向自然环境排入了大量的污染物，包括自然界没有的化学合成物质，其排放使环境中的物质浓度大大增加。西方发达国家粗放式发展到20世纪中期前后，环境公害事件接连发生。公害事件警醒了西方发达国家并开始认识到环境保护的重要性。

1. 环境问题的首发高潮

发生在20世纪30~70年代的“八大公害事件”成为全球环境问题的首发高潮，其中5件大气污染类事件，分别是：马斯河谷烟雾事件，发生在1930年12月的比利时马斯河谷地区，当地排放了大量SO_2、SO_3和烟尘，致使当地几千居民呼吸道发病，造成60余人死亡；多诺拉烟雾事件，发生在1948年10月的美国多诺拉地区，当地排放

的 SO_2 和烟尘作用，生成了硫酸盐气溶胶，在短短的 4 天内就有约 42% 的当地居民患病，造成 17 人死亡；伦敦烟雾事件，发生在 1952 年 12 月的英国伦敦市，当地排放的 SO_2 在烟尘金属颗粒物的催化下，SO_2 变成了硫酸（H_2SO_4），在短短的 5 天内就有 4000 人死亡；洛杉矶光化学烟雾事件，发生在 20 世纪 40 年代的美国洛杉矶地区，当地石化企业和汽车尾气排放的碳氢化合物、NOx 在紫外线的作用线生成了光化学烟雾，致使当地大多数居民患病，65 岁以上老年人死亡 400 人；四日事件，发生在 1970 年，日本四日市居民吸入了大量的由当地工厂排出的 SO_2 和含有钴、锰、钛的煤粉尘，致使 500 余人患病，36 人死亡。2 件重金属污染类事件，分别是：水俣事件，发生于 1953～1956 年，在日本熊本县水俣镇居民食用含有甲基汞的鱼和贝类（由当地化肥厂将含汞污水排入海湾的，反应生成甲基汞，并进入鱼和贝类体内），有 180 余人患病，50 余人死亡；富山事件，发生于 1931～1972 年，日本富山县神通川流域居民饮食了含有重金属“镉”的水和大米，致使 280 余人患病，约 34 人死亡。此外，还有 1 件有机化学品污染事件，即，米糠油事件，发生在 1968 年，日本九州爱知县等 23 个府县居民食用了含有多氯联苯的米糠油，致使 5000 余人患病，16 人死亡。

2. 人类环境保护的里程碑

面对日益严重的环境污染问题，联合国于 1972 年 6 月 5～16 日，在瑞典斯德哥尔摩召开了有 114 个国家和地区代表参加的第一次人类环境会议，讨论了人类对于环境的权利与义务，通过了划时代的《人类环境宣言》（*Declaration of United Nations Conference on Human Environment*），即斯德哥尔摩宣言。宣言郑重申明：人类有权享有良好的环境，也有责任为子孙后代保护和改善环境；各国有责任确保不损害其他国家的环境；环境政策应当增进发展中国家的发展潜力。会议确定每年的 6 月 5 日为“世界环境日”，确定成立联合国环境规划署（UNEP）。之后，环境保护工作逐渐得到世界各国政府的重视并相继组建了专门的环境管理机构。如果从当今的环境意识审视第一次人类环境会议的召开，可以说第一次人类环境会议是人类环境保护进程的里程碑。

二、全球环境保护的发展

进入 20 世纪 80 年代中后期，全球环境问题日趋复杂，除了以往人们关注的大气、水等局部性或地区性的环境污染问题外，相继出现了涉及全球、需要人类共同面对的环境问题：一是广大发展中国家正面临着日益严重的局部性环境污染问题和范围更大的生态破坏问题；二是涉及全球性跨区域、跨国界的环境问题正逐步显现并开始得到国际社会的重视。在此背景下，联合国环境规划署于 1982 年 5 月在肯尼亚内罗毕召开了特别会议，通过了《内罗毕宣言》。宣言强调开展环境管理与评价的必要性，阐述了环境、发展、人口与资源间紧密与复杂的相互关系。

1. 可持续发展战略的提出

面对日益严重的全球环境问题引起了国际社会的普遍关注，1992 年 6 月，联合国在巴西里约热内卢举行了联合国环境发展大会，有 183 个国家和联合国及其所属的 70 个国际组织代表出席了会议。此次会议与 1972 年召开的人类环境大会相比，在对环境问题认识的深度和广度上都有所提高，把环境问题与经济社会发展结合起来，提出了“可持续发展战略”，还通过了《里约环境与发展宣言》，制定了指导 21 世纪人类在环境问题上的战略行动文件——《21 世纪议程》（*21 Agenda*）。这也算是全球环境问题的第二次高潮。

从两次环境问题高潮产生的影响范围来看，第一次环境问题高潮主要影响的是西方发达国家，问题表现为局部小范围的环境污染；而第二次环境问题高潮表现为遭受环境污染和生态破坏面积及影响范围较大，甚至出现了全球性的环境问题，发达国家和发展中国家都受到不同程度的影响。从两次环境问题高潮产生的机制来看，第一次环境问题的污染源相对简单，比较容易得到控制与处理；而第二次环境问题的污染源显现出多类型、广分布、形成过程复杂的特点，需要国际社会共同努力才能解决。从两次环境问题高潮关注及影响对象来看，第一次环境问题高潮主要关注环境污染对人体健康的影响，而第二次环境问题高潮则更关注对经济社会发展的影响。

2. 环境国际公约履约行动

全球环境保护的发展，主要体现在国际社会对全球环境问题的高度重视上，自 20 世纪 80 年代以来，联合国先后通过了包括臭氧层保护、气候变化、生物多样性等环境国际公约，环境国际公约的履约行动成为推动和落实全球环境保护发展的重要手段。

保护臭氧层的履约行动。位于大气平流层的臭氧层是地球免于紫外辐射的防护屏障。早在 20 世纪 70 年代，科学家研究发现地球周围的大气臭氧层正在遭到破坏，并揭示了氯氟烃破坏臭氧层的化学机制。1977 年联合国环境规划署在华盛顿召开“评价整个臭氧层”的国际会议，通过了“关于臭氧层行动的世界计划”，目的是通过监测臭氧和太阳辐射来评价臭氧损耗对人类健康、对生态系统和气候变化的影响。1985 年 4 月，通过了旨在保护大气臭氧层《保护臭氧层维也纳公约》，但该公约没有对控制消耗臭氧层物质进行相关约束。1987 年 9 月通过了《关于消耗臭氧层物质的蒙特利尔议定书》，对缔约国家（地区）生产和消减消耗臭氧层物质（ozone depleting substances）给出了冻结和消减时间表，并确定了履约资金机制，建立起自己独有的多边基金。2016 年 10 月在卢旺达基加利通过了旨在减少氢氟碳化合物生产和使用的《关于消耗臭氧层物质的蒙特利尔议定书基加利修正案》。经过国际社会 30 余年的履约努力，臭氧层空洞已经出现了恢复迹象，正在愈合，预计 2068 年臭氧层将成功恢复。

积极应对全球气候变化。联合国于 1992 年通过了旨在防止全球气候变暖的《气候变化框架公约》；1997 年制定了《联合国气候变化框架公约的京都议定书》（以下简称京都议定书），其是《气候变化框架公约》的补充条款，目的是限制发达国家的温室气体排放量以抑制全球变暖；2015 年 12 月通过了《巴黎协定》，旨在加强对气候变化威胁的全球应对，尤其为 2020 年后全球应对气候变化进行了工作安排，目的是将全球平均温升幅度控制在 2℃之内，并努力将全球温升控制在 1.5℃内。

积极推动生物多样性保护。在 1992 年召开的联合国环境与发展大会上通过了《生物多样性公约》，其目标是保护生物多样性、可持续利用其组成部分，以及公平合理分享由利用遗传资源产生的惠益。在 2010 年 10 月召开的第十次缔约方大会上通过了《生物多样性公约关于遗传资源获取及公平、公正地分享其利用所产生惠益的名古屋议定书》和公约战略计划（2011～2020 年）。该战略计划由共同愿景、任务、战略目标（5 个）和具体目标（20 个）（统称为“爱知目标”）构成。迄今，《生物多样性公约》已缔结 27 年，召开了缔约方大会十四次，第十五次缔约方大会将于 2020 年在中国召开。

淘汰持久性有机污染物。持久性有机污染物（POPs）由于其环境持久性、生物蓄积性、远距离迁移性和毒性 4 大特性，对于人类健康和环境构成了严重威胁。鉴于此，联合国环境规划署与 2001 年 5 月在斯德哥尔摩召开了会议，通过了《关于持久性有机污染物的斯德哥尔摩公约》，旨在减少和避免持久性有机污染物通过生物蓄积、长距离迁移以及致癌、致畸、致突变、内分泌干扰、破坏免疫系统等作用对人类生存繁衍和生态系统可持续发展构成重大威胁。目前，公约规定的受控物质总数达到 23 种。

第二节　中国环境保护国际合作

我国政府非常重视环境保护工作，环境保护领域的国际合作也已成为国家生态环境保护工作的重要组成部分。但是，自改革开放以来，随着国家工业化进程的加快，国内环境污染问题、生态破坏问题渐渐突出，并进入了问题叠加爆发时期，逐渐地影响到了民众的正常生产生活，甚至开始危害民众的身体健康。与此同时，全球的环境问题、生态破坏问题也日渐成为国际社会关注的重点，为此，许多国家和地区政府成为环境国际公约的缔约方，通过环境国际公约的履约行动将国际大家庭成员集合在一起，为保护共同家园进行努力。我国的环境保护国际合作也渐渐地成为国家对外交往、交流与合作的重要领域。

一、环境保护国际合作历程

我国的环境保护国际合作始于 1972 年，其标志是中国政府派出代表团出席斯德哥尔摩第一次人类环境会议。会后，我国成立了国务院环境保护领导小组和国务院环境保护领导小组办公室（以下简称国务院环办）。之后，中央政府制定了《中华人民共和国环境保护法》等一系列环境保护的法律和法规，组建了中央、地方各级专门负责环境保护工作的机构，环境保护工作开始进入发展的阶段，环境保护国际合作也逐渐随之融入其中。

1976 年，国家委派时任国务院环办副主任的曲格平出任中国政府驻联合国环境署的首任代表。中国是联合国环境规划署的理事国，我国代表出席了环境署历次理事会会议。多年来，与环境署的合作不断深入。

20 世纪 70 年代中后期，我国陆续组建了多个环境科学研究单位，例如，1975 年组建中国科学院环境化学研究所，1986 年与生态学研究中心合并，建立中国科学院生态环境研究中心；1978 年成立了中国环境科学研究院，隶属于原城乡建设与环境保护部。这些研究机构从国外采购了许多先进的分析仪器和环境监测设备，还选派出一些研究人员到发达国家学习进修。后来，大多数前往国外学习进修的研究人员都学成回国，并成为我国环境管理、环境科学研究与技术研发的专家和骨干。

环境保护双边合作。20 世纪 70 年代末期，环境保护双边合作逐渐展开，1979 年，时任美国环境保护局副局长布鲁姆女士访华；1980 年 2 月，时任美国环境保护局局长考斯塔尔访华，同年 5 月时任国务院环办的曲格平副主任率中国环境保护代表团访问美国。之后，中国先后与加拿大、印度、韩国、日本、蒙古国、芬兰、丹麦、挪威、瑞典、苏联、意大利、德国、英国、法国、荷兰、澳大利亚及中东欧等国家签订了政府间环境保护双边合作协议。1991 年，中国发起召开了由 41 个发展中国家参加的环境与发展的部长级会议，旨在为将于次年召开的联合国环境与发展大会进行准备。会议通过了《北京宣言》，宣言阐述了发展中国家在环境与发展问题上原则立场。

环境与发展国际合作。为解决好中国环境与发展问题，实现可持续发展目标，必须加强在环境与发展领域的国际合作。为此，在里约热内卢联合国环境发展大会召开前夕，中国政府批准成立了中国环境与发展国际合作委员会（以下简称国和会），由 40 多名著名中外专家组成，目的是通过这个国际性高级咨询平台，促进国际环境与发展领域成功经验与政策、理论方面的交流与传播；对中国环境与发展领域内重大而迫切的关键性问题开展理论研究，并依实际需求开展政策示范和项目示范，定期向中国政府提出战略性政策建议，以促进我国在经济发展进程中实现环境与经济的协调，保证我国经济发展的可持续性。中国环境与发展国际合作委员会会议每年召开年会。

二、国际合作重要成效

回顾我国近50年的环境国际合作发展，从合作方式来看大致可分为双边合作和多边合作，目的是通过开展国际合作，引进技术、引进人才、引进资金，改善我国自然生态环境、促进我国经济社会的健康发展，重要成效包括以下几点。

1. 环境国际合作健康发展

环境与发展国际合作委员会成立27年来，始终以促进中国可持续发展战略实施、资源节约型和环境友好型社会建设为目标，研究提出了前瞻性、战略性、预警性的政策建议，其涵盖了污染防控、清洁生产、生物多样性保护、能源与环境、循环经济、低碳经济、生态补偿、环境保护与社会发展、可持续消费、公众与媒体参与政策、企业社会责任、绿色供应链、绿色金融等诸多方面，对中国环境发展进程产生了深刻影响；同时还在可持续消费、上市公司环境信息披露制度、环境风险管理等方面开展政策示范，促进了相关政策建议的落地生根。其特点是：结合不同时期国际环境保护形势和中国政策需求，不断拓展研究领域：从可持续发展理念引入、决策者环境意识提高，到以国际经验解决环境问题借鉴、环保法律法规建设等；从环境保护与经济发展的相互关系研究、实现环境与经济发展双赢推动，到促进环境、经济、社会协调发展；从着眼于中国环境与发展问题本身，到关注区域与全球环境以及中国和世界的相互作用与影响。

2. 双边环境合作硕果累累

以下主要介绍一下中意、中日的环境合作情况。

为履行国际环境义务、促进中国可持续发展目标的实现，同时推动环境领域的中意合作，2000 年，国家环保总局与意大利环境、领土与海洋部签署合作协议，联合成立了中意环保合作项目管理办公室，推动了多领域、多渠道和全方位的环境合作。其中环境履约涉及《关于消耗臭氧层物质的蒙特利尔议定书》《关于持久性有机污染物的斯德哥尔摩公约》《生物多样性公约》《气候变化公约》等多个国际环境公约和我国环境保护的重点领域，包括生态调查和自然资源保护、能源效率和可再生能源、环境监测、城市可持续发展和生态节能建筑、废物处置和回收、可持续交通、可持续农业、气候变化和清洁发展机制、防止沙漠化、水资源管理、培训以及论坛、交流和推广等 14 个领域。双方以示范项目、合作研究、能力建设等多种方式开展了 100 多个不同类型的合作项目，实施地区涉及 20 多个省、自治区和直辖市，合作伙伴扩展到国家发展与改革委员会、科学技术部、环境保护部、水利部、国家林业局、北京市政府、上海市政府、中国社会科学院、清华大学、同济大学等多个部委、地方政府和科研院所。中意双方紧密围绕中国环境保护重点、热点、难点开展了务实的合作，引进了意大利及欧盟的先进技术和管理理念，提高了环保系统的管理决策水平，促进了污染减排和生态保护工作发展，为加强我国环保能力建设提供了有力的支持。中意环保合作开始不是最早，但合作形式最切合双方国情，领域最为广泛，投资规模最大，成效最为显著，得到了两国政府高层领导的充分认可和高度评价，在中意全面战略伙伴关系中具有重要地位，是国际双边合作的典范。

中日环境合作开启可追溯到 20 世纪 70 年代中期时任日本环境厅次官大鹰淑子访华，之后，两国的环境交流与合作通过各种渠道渐渐频繁起来。1994 年，签订了《中日环境保护合作协定》；1998 年，签订了《面向 21 世纪环境合作联合公报》；2007 年 4 月，两国政府发表了《关于进一步加强环境保护合作的联合声明》；2007 年 12 月两国政府在北京发表了《关于推动环境能源领域合作的联合公报》；

2008 年，签署了《关于进一步加强中日环境保护合作的联合声明》。中日两国通过资金援助、技术援助、技术开发、联合研究、人员培训、宣传教育等形式开展了领域广泛的环境合作，包括大气与水的污染预防与治理、生态环境保护等，并就促进两国环境合作进行了制度性安排：环境保护合作作为重要议题纳入两国经济高层对话；建立中日环境合作联合委员会，为推进两国环境合作，确定合作优先领域发挥了重要作用；援助建立中日友好环境保护中心，并在此设立两国环境合作窗口，使其成为技术转让与合作的平台，推动先进的环境保护技术转让与合作研究。从中日环境合作的历程来看，两国环境合作可以划分为三个阶段，重点有所不同。一是人才培养，二是能力建设，三是发挥作用。目的是解决中国环境保护工作中遇到的重大问题。目前中日环境合作已经进入第三阶段。总之，中日环境合作对完善我国环境管理制度、提升环境监管水平以及培养环境保护人才等方面做出了贡献。

3. 环境履约成效明显

在蒙特利尔议定书框架下，中国累计淘汰消耗臭氧层物质占发展中国家淘汰量的一半以上。中国已颁布了《中国生物多样性国情报告》，制定并实施了《中国生物多样性保护行动计划》，开始着手制定遗传资源获取与惠益分享的有关政策、法规。中国政府于 2001 年 5 月 23 日签署《关于持久性有机污染物的斯德哥尔摩公约》，中国作为化学品生产和使用大国，积极参与了公约的相关进程，为公约的发展做出了积极贡献。《关于汞的水俣公约》已进入履约实施阶段。2018 年，我国碳排放强度比 2005 年下降 45.8%，基本扭转了温室气体排放快速增长的局面。非化石能源占能源消费比重达 14.3%，为落实到 2030 年的国家自主贡献奠定了坚实的基础。中国能源机构持续改进，煤炭消耗占比已经下降为 58%，创历史新低。

第三节　推动命运共同体建设的大国财政

习近平总书记指出："建设生态文明关乎人类未来，国际社会应该携手同行，共谋全球生态文明建设之路。"[①] 中国积极参与世界的绿色发展，给出了中国方案。大国财政是实现中国方案的重要手段，构建人类命运共同体、共谋全球生态文明建设离不开大国财政体系的支撑，大国财政体系是中国承担国际义务、解决国际争端的重要力量。

一、全球生态文明建设的中国方案

党的十八大以来，中国秉承"人类命运共同体"的理念，遵循"共有但有区别的责任"原则，推动"多元化""和而不同"的全球治理，积极参与全球生态文明建设，给出了全球生态治理的中国方案。

1. 全球气候治理的中国方案

气候变化是全球性的环境问题，其实质是发展问题，事关生态环境利益、经济利益和政治利益，应对气候变化需要国际社会携手共建全球气候治理机制。中国作为世界上最大的发展中国家，积极参与全球气候治理，勇于承担责任，做出了中国贡献。

第一，树立尊重自然、顺应自然、保护自然的理念。在阐述如何处理人与自然的关系上，习近平总书记指出："人因自然而生，人与自然是一种共生关系，对自然的伤害最终会伤及人类自身。""人类必须尊重自然、顺应自然、保护自然。"习近平总书记的这些重要论

① 习近平．习近平谈治国理政（第2卷）［M］．北京：外文出版社，2017.

断，阐明了人与自然的内在联系，奠定了人与自然和谐发展的基础，是我们处理自然与人类文明关系的根本遵循。

第二，坚持正确的义利观，积极参与气候治理国际合作。习近平总书记提出“各尽所能、合作共赢”“奉行法治、公平正义”“包容互鉴、共同发展”的全球治理理念，倡导各国寻找适合本国国情的应对策略。同时中国积极应对气候变化，本着负责任的态度履行减排承诺。在杭州 G20 峰会前，中国率先履行承诺批准《巴黎协定》，有力地推动了该协定的生效。

第三，落实中国举措，帮助发展中国家减排。坚持共同但有区别的责任，始终是中国推动全球气候治理的立足点，同时，“中国责无旁贷，将继续作出自己的贡献。”① 在联合国可持续发展峰会上，习近平总书记宣布对发展中国家提供切实帮助，包括设立“南南合作援助基金”，增加对最不发达国家的投资，免除对符合条件的国家截至 2015 年年底到期未还的政府间无息贷款债务，设立国际发展知识中心等。

第四，创新应对气候变化新途径。除了在国际气候大会上积极斡旋，帮助发展中国家平衡减排和发展间的压力外，中国还充分把握国际交流合作机会，依靠政府间组织或民间力量，搭建新平台、形成新机制。例如，以天津 APEC 绿色发展高层圆桌会为平台，发起实施全球绿色供应链、价值链合作倡议，带动产业升级、发展方式转型，为全球绿色产业体系的构建提供思路。

第五，提供中国经验，推动全球生态文明建设。习近平总书记多次强调中国将应对气候变化作为生态文明建设的重要部分来推动，并将绿色发展的先进理念向国际推广。

2. 打造绿色丝绸之路的中国方案

在推动“一带一路”建设过程中，将“绿色发展”融入沿线经

① 习近平．习近平谈治国理政（第 2 卷）［M］．北京：外文出版社，2017.

济、文化和社会建设，把“一带一路”打造成“绿色丝绸之路”，是中国解决世界环境和发展问题的重要方案。绿色“一带一路”以政策沟通、交通设施联通、贸易畅通、资金融通和民心相通为主要内容，以可持续发展为目标，促进沿线国家转变发展方式，创造新的发展机遇。“一带一路”的生态内涵体现在：传播生态文明理念，宣传人与自然和谐共生的生态价值观；推行生态经济形式，缓解经济发展与生态环境的压力；加强生态环境治理，确保资源、能源安全和生态系统的稳定。习近平总书记指出：“建设绿色家园是人类的共同梦想。我们要着力推进国土绿化、建设美丽中国，还要通过‘一带一路’建设等多边合作机制，互助合作开展造林绿化，共同改善环境，积极应对气候变化等全球性生态挑战，为维护全球生态安全作出应有贡献。”①

以绿色“一带一路”为纽带，中国将加强和沿线国家的战略合作，实现优势互补，与各国一道探索可持续发展的路径。通过发挥各国的比较优势，释放合作发展的潜力，促进沿线各国的经济、社会、生态环境的协调发展。

3. 构建全球治理新秩序

公平合理、合作共赢的全球治理体系是中国共谋全球生态文明建设的重要思路。中国在顺应国际环境保护发展趋势的过程中，结合本国国情，不断探索可持续发展的道路。对内推动经济转型，加强生态文明建设；对外构建对话机制，促进国际交流与合作，由最初的参与者变为全球治理的引领者和推动者。

针对全球生态危机，习近平总书记提出，我们应团结协作、持之以恒、共商共建，保护好地球，建设人类命运共同体。我们要深度参与全球环境治理，共谋全球生态文明建设，引导应对气候变化国际合

---

① 中共中央文献研究室．习近平关于社会主义生态文明建设论述摘编［M］．北京：中央文献出版社，2017.

作。我们需要完善全球环境治理体系，推动形成公更加公平、更加合理、更可持续的国际新秩序。这些发展理念不仅是中国经济社会发展的指南，也作为“中国方案”充实了全球治理理论体系。在这些理念的指导下，中国以实际行动推动着全球可持续发展的进程，一方面，中国积极推动国际合作，在气候变化、绿化国土等领域搭建国际对话机制；另一方面，中国通过加强南南合作，重塑全球治理新秩序。通过召开 G20 杭州峰会，开启全球可持续发展新时代，中国开始引领全球环境治理，并逐渐以领导者的姿态走向世界舞台的中央。

此外，中国在进行生态保护、修复自然生态系统的过程中，形成了独特的治理荒漠的经验和做法，并将这些经验和做法与国际社会共享，为世界贡献了荒漠化治理的中国方案。

总之，在全球生态文明建设中，中国坚持“人类命运共同体”理念，输出了“中国智慧”，提出了“中国方案”，做出了“中国贡献”。

二、建立履行共同但有区别的责任

在参与全球环境治理进程中，中国财政发挥了积极作用，取得了一些成绩。

支持“一带一路”倡议下的国际基础设施建设。“一带一路”倡议的核心内容之一是促进基础设施建设和互联互通，对接各国政策和发展战略，深化务实合作，促进协调联动。在 2017 年 5 月召开的首届“一带一路”国际合作峰会期间，习近平主席宣布，中国国家开发银行、中国进出口银行将分别提供 2500 亿元和 1300 亿元等值人民币专项贷款，用于支持“一带一路”基础设施建设。向“丝路基金”等金融投资主体新增资金 1000 亿元人民币，用以提升“丝路基金”的投资和保障能力。据国家发改委宏观经济研究院的研究报告显示，截至 2017 年年底，“丝路基金”已签约 17 个项目，支持项目所涉及的总投资额达800多亿美元。国家坚持对“丝路基金”实行国际化、市场化、专业化的运作原则。

积极参与环境领域的国际合作。1994年，我国参加了全球环境基金，全球环境基金成为我国利用多边优惠资金开展环境保护工作的主要渠道之一。在过去的20多年里，中国作为创始成员国、捐资国和受援国，积极参与和支持全球环境基金的发展，与基金开展了多种形式的合作，取得了预期的成果。

财政积极支持和参与海外援助体系。在国家财政的支持下，我国海外援助得到了持续的发展。援助资金快速增长，援助手段和项目不断增多，参与主体更加多元化。2015年9月，习近平主席在出席并主持南南合作圆桌会宣布，未来5年中国将向发展中国家提供“6个100”项目支持，包括100个减贫项目，100个农业合作项目，100个促贸援助项目，100个生态保护和应对气候变化项目，100所医院和诊所，100所学校和职业培训中心；同时宣布，未来5年，中国将向发展中国家提供12万个来华培训和15万个奖学金名额，为发展中国家培养50万名职业技术人员。中国将设立南南合作与发展学院，并向世界卫生组织提供200万美元的现汇援助。

中国是构建人类命运共同体的倡导者和引领者，作为国际社会中负责任的大国，在深度参与全球环境治理中，中国理应承担起更多责任。在推进人类命运共同体的进程中，财政要主动履行共同而有区别的国际责任，在国际事务中发挥更加积极的作用。

我国环境保护财政政策的演变与发展研究

Chapter 6

第六章　环境保护财政政策的若干建议

党的十八大以来，以习近平总书记为核心的党中央，将生态文明建设纳入“五位一体”总体布局和“四个全面”战略布局之中，生态文明建设被提到前所未有的高度。习近平总书记提出了“绿水青山就是金山银山”的发展理念，倡导“人与自然和谐共生”，提供了“构建人类命运共同体”的中国方案，这些都对财政工作提出了新的更高的要求。面对我国现阶段发展中出现的新情况、新问题、新要求，财政作为国家治理的基础和重要支柱，在生态文明建设中无疑肩负着重要责任。财政部门应按照党中央、国务院的部署，着力推进生态文明体制机制建设，进一步完善生态环境财政政策，充分发挥财政在生态文明建设中的导向与保障作用。

第一节 建立和完善财政投入机制

我国生态环境的支出规模逐年增长，但是离现实生态环境保护的需求仍有很大差距。生态环境问题已经成为当前最大的民生问题，是我国实现小康社会的“短板”。因此，加大财政投入，完善财政支出政策，构建稳定的财政投入保障机制，拓宽投入渠道界限显得尤为急迫。

一、加大节能环保支出规模

长期以来，在“以经济建设为中心”的思想指导下，我国对生态环境保护重视不够，使污染物排放达到或超过了环境承载力极限。从财政资金投入力度看，生态环境保护的资金投入严重不足，历史欠账过多。我国的节能环保支出占财政总支出的比重在2%～3%，远远低于教育、社会保障和就业、农林水支出这几项支出在财政支出中的占比，且多年来没有明显的变化，急需补齐“短板”，增大投入力度。

第一，调整增量和存量，整合现有专项资金。一方面，应加大一般公共预算的环境保护投入，提高环境保护的资金保障能力。财政部门应按照中央生态文明建设的总体要求和目标，在每年的财政公共预算支出中，增加环境保护的支出比例。同时，还应该通过深化财政支出改革，压缩行政支出及经济建设支出，为增加环境保护的投入腾出空间。另一方面，应将现有的各种专项资金进行整合。近几年，财政设立的专项资金有大气污染防治专项资金、水污染防治专项资金、土壤污染防治专项资金等，此外，还有以前设立的可再生能源专项资金、节能减排专项资金等，各种专项资金名目繁多，种类有10多种，资金规模明显偏小，在使用中容易出现“撒胡椒面”的现象。在当前财政收入增幅下降、财政资金有限的情况下，应该对现有的专项资金进行优化和整合，形成具有一定规模的生态环境保护资金，从而能够对当前面临的突出环境问题进行集中治理，更有效地发挥财政资金的作用。同时，要加大中央对环保专项资金的监管，推进落实地方环保责任，倒逼地方政府加大环保投入。

第二，完善节能环保支出科目的设置。从2007年起，我国的支出分类科目中已经有了“211环境保护”大类，后期对该科目也进行过调整和完善，2010年后改为“节能环保”科目。目前来看，该科目涵盖的范围仍然偏窄，建议适当增加款级科目，以便能够准确、及时、全面地掌握国家财政在相关领域的资金投入情况。同时，要将“节能环保”支出科目做实，为环境保护提供坚实的财力保障。

第三，建立中央、地方多级、多部门共同投入的机制。从发达国家环境保护和污染治理的成功经验看，环境保护需要中央政府与地方政府的联动，形成各级财政和各个相关部门共同投入的机制。此外，财政投入还应该与税收、金融、价格等方面的政策协调一致，形成合力。

二、优化财政投入结构

财政资金除了应该优先支持突出环境问题的治理外，还应该向节能环保产业和环保服务倾斜。

第一，优先解决突出的环境污染问题。长期以来，我国环境保护投资历史欠账严重，造成近年来环境事件集中爆发、污染治理压力不断增大。针对这种现实情况，我国应进一步明确政府在污染防治上的重点方向，加大环境保护重点领域的投资力度。财政资金应主要用于当前迫切需要解决的大气、水、土壤、重金属等的污染问题，还应重点投向二氧化碳、氮氧化物等污染物的减排项目。同时，优化投资方向和结构，增加解决民众关注的突出环境问题的财政支持力度，如雾霾、黑臭水体、土壤污染修复治理以及农村环境整治等，保障重大环境工程项目的实施。

第二，扶持节能减排科技项目。节能减排科技项目具有初始投资大、涉及面广、经济效益不确定等特点，致使节能减排项目的投资具有一定的风险性。政府应给这些项目提供必要的资金扶持和政策优惠，并在组织、引导和协调方面发挥积极作用。

第三，支持节能环保服务产业的发展。2010 年中央财政颁布《合同能源管理财政奖励资金管理暂行办法》，中央财政安排资金，对合同能源管理项目给予适当奖励，同时对实施节能效益分享型合同能源管理项目的节能服务公司给予支持。今后，应充分利用现行的财政奖励资金，对符合要求的合同能源管理项目以及环境保护服务业予以奖励和扶持。

三、完善转移支付制度

从前面的分析我们得知，地方政府的节能环保支出很大一部分来源于中央政府的转移支付。由于我国各地区的自然资源禀赋不同、经济发展状况不同，因此中央政府对于不同地区的转移支付规模也有很大差异。从目前情况来看，中央政府还会在相当长的一段时间内，加强对地方政府的转移支付力度，以此从规模上缩小各地区节能环保支出的差距，实现公共服务的均等化。在进行转移支付的过程中，应在以下几方面，逐步完善转移支付政策。

第一，加大对重点区域和重点领域的财政转移支付力度。在生态环境领域，地方政府直接面向服务对象，具有更多的信息优势，也承担了更多的支出责任。在目前财力和事权不匹配的情况下，建议应加大环境治理重点区域和重点领域的转移支付力度，建立健全转移支付制度。一方面对生态环境脆弱，环境保护范围广、任务重，且财政困难的地区，应实行差别化的支持政策，并加大转移支付力度；另一方面，对环境保护和治理的重点领域，如大气、水、土壤等的治理，应加大专项转移支付力度。接下来的两年，是集中解决突出生态环境问题，打赢污染防治攻坚战的关键时期，专项转移支付应向污染防治等重点领域和关键环节倾斜。

第二，建立和完善省以下环境保护财政转移支付。在完善中央转移支付制度的同时，还应该建立省以下环境保护转移支付，以解决区域范围内生态环境的突出问题。各省应根据本省的具体情况，合理安排省以下环境保护财政转移支付的规模、方向及重点等，加强对重要生态功能区的支持，关注欠发达地区生态环保资金的落实。同时还应设立地方生态环境保护和污染整治专项资金，整合相关的财政资金和补助，提高财政资金的使用效益。

第三，加强区域间横向转移支付的力度。由于生态环境具有跨区域、跨流域的特点，生态环境的保护与治理需要多方合作、共同完成。应加强地区间的协作，平衡各地区节能环保支出的差距，在生态环境治理的过程中，让受益方给经济利益受损方以适当的资金补偿。我国已经在这方面进行了有益的探索，并有成功的案例。今后应在试点基础上，总结经验、完善制度，推动建立科学、合理、可行的地区间横向生态补偿制度。

四、建立稳定的生态环境支出保障机制

在加大节能环保支出规模的同时，建立稳定的、合理的生态环境支出保障机制才是从根本上解决投入不足问题的关键。

第一，建立硬性约束机制。我国应加强制度建设，建立刚性约束机制。可以结合我国的经济社会发展情况，根据一定时期内生态环境保护的需要，通过制订相应的条例、政策、规定等方式，对与生态环境支出相关的各项比例进行硬性约定。保证新增加的财政收入能够优先用于生态环保投入，保证节能环保支出增长率不低于当年财政支出增长率，同时也要高于 GDP 的增长幅度，以此促进环境保护投入的可持续增长。

第二，建立激励约束机制。目前，在我国生态环境工作的具体事务中，地方政府是实践的主体，发挥着十分重要的作用。为了保证生态环境保护工作扎实推进，取得实质性效果，有必要制定绿色政绩考核机制，将环境保护工作的完成情况与地方政府官员的政绩考核联系在一起，从而激发地方政府对环境保护工作的积极性，提升对环境保护工作的重视程度，促进环境保护工作的开展。

特别要强调的是，在未来一段时期内，应保证生态文明建设财政投入的超长增长。从 2020 年全面实现小康社会总体目标看，生态环境质量已经成为实现小康社会的严重“短板”，因此近几年需要增加投入。从国际比较看，近年来，我国环境污染治理投资总额占 GDP 的比重不到 1.5%，同期，美国、法国等发达国家的比例都在 3% 以上，差距很大。因此，要想遏制环境污染恶化，满足人民群众对良好生态环境质量的需求，同时以有限的环境承载力支撑中国经济的中高速发展，就要求我们必须提高财政预算资金中用于生态文明建设的投

入比重，保证财政生态文明投入增长幅度不低于财政总支出的增长幅度，实现财政投入在一定阶段内的超长增长。最近两年，财政在生态治理和环境保护方面的投入增加很快，虽然财政收入增速有所放缓，但是支持生态环境保护的资金规模仍逆势增长。2018 年，全国一般公共预算节能环保支出 6353 亿元，增长 13%，中央财政支持污染防治及生态环境保护的资金约 2555 亿元，增长 13.9%。鉴于这种情况，建议在未来 3～5 年的时期内，加大、至少保持这种快速的增长态势，逐步建立稳定的环境保护投入机制，确保生态环境改善取得扎实的阶段性成果，让财政为 2020 年我国全面实现小康社会保驾护航。

五、探索建立多元化投入机制

我国目前阶段生态文明建设还是以政府投入为主。而全面改善生态环境，仅仅依靠政府投入是不够的，需要鼓励、支持、引导和推动社会资本投入生态环境建设领域。同时，可借鉴发达国家经验，优化和拓宽环境保护财政资金的筹措方式。

第一，支持和鼓励社会资本投入环境保护领域。积极发挥财政资金的引导作用，通过制定优惠的财政、税收政策和金融政策，调动企业、个人、公益组织投资环保领域的积极性，引导企业增加对生态环境保护的投入，鼓励支持社会资本进入生态环境领域。

第二，设立国家环保产业投资基金或绿色发展基金。借鉴发达国家的成熟经验，设立生态环保投资基金，对发展前景好的环保项目进行投资，以此弥补环保资金的缺口。2016 年 7 月，《中共中央国务院关于深化投融资体制改革的意见》提出“根据改革需要，依法发起设立基础设施建设基金、公共服务发展基金、住房保障发展基金、政府出资产业投资基金等各类基金”的要求，结合目前财政部正在研究设立的“绿色发展基金”，建议加强各有关部委的沟通协调，尽快设立国家环保产业投资基金或绿色发展基金，充分发挥政府资金的引导作用，发挥财政资金杠杆放大效应，激发市场活力。

第三，积极推进环保 PPP 与第三方治理模式。2019 年 3 月，财政部发布了《关于推进政府和社会资本合作规范发展的实施意见》，为在环境保护领域推行 PPP 模式，提供了政策依据。下一步，应尽快推进在环境保护基本公共服务领域引入社会资本，可以采取单个项目、组合项目、连片开发等多种形式，提高环境公共产品供给质量与效率。此外，要尽快完善《关于推行环境污染第三方治理的意见》，在工业园区、工业污染治理领域大力推进环境污染第三方治理。加大财政资金向 PPP 项目和第三方治理倾斜，支持和引导环境保护投融资机制创新，鼓励社会资本投入。

第四，引导金融行业加大对生态环保领域的投资。可以采取创建政策性投资开发公司、组建循环经济产业投资基金、发行绿色金融债券、生态补偿基金彩票等方式。

六、创新财政投入手段

发达国家在保护环境的过程中，同样面临着资金供需的矛盾。为了突破资金“瓶颈”、有效解决资金供需的矛盾，各国逐步形成了政府公共财政引导、金融机构绿色信贷支持等多种财政投入机制，进行环境污染的治理。例如，美欧等发达国家采用了通过政府引导基金撬动社会资本的方式，增加大气污染投入，创新污染治理机制。

我国可以结合具体国情，并针对不同领域生态环境发展的特点，综合运用财政预算投入，建立环保基金、环保补贴、贴息等形式，最大限度地发挥财政资金的效益，同时不断完善各种投入方式和手段，使其取得最好效果。第一，扩大补贴的使用范围。在补助企业的生产环节的同时，还应增加对消费环节的补助，将补贴直接发放给消费者，既便于全社会的推广，也可以取得更明显的绩效。第二，加大财政贴息的使用范围和力度。在财政投入方式上，更多地使用财政贴息这种间接优惠方式，可以更好地发挥财政资金的引导作用，放大财政资金的功效。第三，加大扶持担保行业的发展。财政可以采取注资成立担保公司的方式，吸引社会资本进入担保市场。财政还可以设立担保风险补偿基金，在必要的时候，通过评估酌情给予资金上的补偿。

七、完善政府绿色采购制度

与发达国家相比，中国的政府绿色采购制度尚不完善。我国今后应不断完善政府绿色采购的法律法规和政策，加大政府绿色采购规模，制定政府采购的“绿色”标准，完善政府节能减排的制度保障体系，通过制度化的政府绿色采购，发挥政府节能减排的示范作用，引导和鼓励企业提供节能减排产品和社会提供节能减排服务。建立政府绿色采购的绩效考评制度。通过制订相关的法律法规，建立绩效考核指标体系，以此引导和规范政府部门的行为。同时还应完善政府绿色采购的监督管理制度，防治权利“寻租”等腐败行为，推动政府绿色采购的健康发展。

在增加财政投入的同时，要注意防控隐形债务风险，尤其是防控地方政府通过融资平台公司、政府和社会资本合作（PPP）、政府投资基金、政府购买服务等方式违法违规或变相举债形成的债务风险。

第二节　完善税收制度

近年来，我国加大了税收制度的改革力度，在税制改革的过程中，更多地考虑了生态环境因素，2018 年起还开征了环境保护税，为生态环境保护创造了良好的制度环境。但是，当前我国还没有建立起完善的环境税体系，税收制度也还存在着环境税制不完善、税收政策的激励约束功能不足、与环境保护相关的税率偏低等问题，因此，着力推进税收制度改革、完善税收政策，仍是我国需要解决的主要问题。

一、深化资源税制改革

我国自 1984 年正式确立资源税制度以来，资源税制历经多次调整。近年来，资源税改革的方向主要侧重于提高部分应税资源品的税负以及改变计征方式等方面。2019 年 8 月，第十三届全国人大第十二次会议通过了《中华人民共和国资源税法》，2020 年 9 月 1 日起施行，将保护自然资源上升到了法律的高度。通过资源税的历次改革，可以看出政府希望运用资源税改变资源过度开采和使用的状况。但是历次改革与调整并没有完全改变资源税征税范围过窄、税率过低等问题，因此，优化资源税收制度还有不少空间。

第一，扩大资源税征收范围。按照《中华人民共和国资源税法》资源税的征收范围主要涉及矿产品和盐两大类，其他自然资源并不在征收范围内。根据我国资源开采和利用的具体情况，应该进一步扩大资源税征收范围，逐步将水资源、森林资源、草地资源、土地资源等纳入征收范围，实现对全部资源的保护，从而促进自然资源的合理开发利用，应对我国的资源危机和生态破坏等问题。

第二，进一步深化计税依据改革。《中华人民共和国资源税法》第三条规定：资源税按照《税目税率表》实行从价计征或者从量计征。同时规定：实行从价计征的，应纳税额按照应税资源产品（以下称应税产品）的销售额乘以具体适用税率计算。实行从量计征的，应纳税额按照应税产品的销售数量乘以具体适用税率计算。从价计征的方法使企业的税负随着资源性产品价格的波动而波动，有利于对资源产品的调节，也有利于国家分享价格上涨的收益，因此，应逐渐扩大从价计征的范围。同时建议从量计征将按照销售数量计征调整为按照产量或者储量计征，使之更有利于保护资源。

第三，适度提高税率。我国的资源税费普遍较低，致使资源市场价格偏低，资源品开采地补偿不足，因此，有必要调整税率。资源税税率应充分考虑资源的稀缺性和经济价值，还应考虑回采率或资源开采后的污染处理情况等因素，综合确定税率，以便更好地发挥资源税的作用。

第四，整合相关税种。我国开征的耕地占用税、城镇土地使用税的出发点虽然与资源税不完全相同，但是实现合理利用和保护土地资源的目标是一致的，因此这两个税种在开征目标上与资源税由重合，可以将它们逐步并入资源税。

二、完善环境保护税

长期以来，我国环境保护方面的税费一直以排污费的形式征收，主要有污水排污费、大气排污费、噪声排污费等。自 2018 年 1 月 1 日起，我国停止了排污费的征收，开始正式征收环境保护税，这也意味着实现了由排污费制度向环境保护税制度的转变。我国环保税分为四个税目：大气污染物、水污染物、固体废物和噪声。据财政部网站的公开资料显示，2018 年 1 ~ 12 月累计征收环境保护税 151 亿元，占税收收入的比例约 0.1%，[①] 虽然占比较低，但环境保护税作为绿色税收体系的代表之一，反映出了税收制度已经嵌入了环境保护的功能。

环境保护税刚开始征收，在税制设置和征管机制运行方面，仍需要进一步完善。第一，结合环境保护新形势适时扩大税目。现行的环

① 财政部网站：《2018 年财政收支情况》，http：//gks. mof. gov. cn/zhengfuxinxi/tongjishuju/201901/t20190123_3131221. html。

境保护征税范围较窄，一些对环境质量影响很大的污染源并未被纳入征税范围，如二氧化碳、挥发性有机物（VOCs）都不在环境保护税的征收范围内。二氧化碳是碳排放中最主要的气体，最新科学研究证实，二氧化碳等温室气体排放与全球气候变化之间存在直接的关系，气候变暖对经济发展和人类生存都会产生巨大影响。挥发性有机物是造成 $PM_{2.5}$ 污染的主要根源，对环境的危害很大。有关部门应在充分考虑企业负担和承受力的基础上，综合分析污染治理的紧迫程度和征收难度等因素，逐渐扩大环境保护税的征收范围，选取适当时机，将二氧化碳和挥发性有机物等纳入环境保护征税范围。第二，调整税率。当前很多地区的环境保护税率远远低于环境治理成本，限制了环保税收作用的发挥。适当提高环境保护税率，可以促进污染企业转型，增强企业环境创新动力，使环境保护税发挥其应有的作用。第三，创新税收优惠方式。环境保护税优惠政策的制定，可以借鉴发达国家经验，探索更多形式的优惠政策。例如，可以制定针对环境污染第三方治理的税收优惠政策；将税收优惠纳入合同环境服务模式，根据污染治理效果与环境服务商共享减税额等。第四，强化部门之间的协作机制。环境保护税的征管涉及税务部门和生态环境部门协同征管、信息共享、机制联动等方面，需要相关部门建立分工协作的工作机制、加强信息平台的建设，同时还要构建畅通的、优势互补的交流机制，从而确保环境保护税征管机制有效运行。

三、调整消费税

消费税设立之初，尽管部分资源消费品被纳入征税范围，但节能环保的生态功能不足。其后经过多次改革与调整，消费税的节能环保功能不断增强，保护环境的立法宗旨逐步得到体现。随着我国经济的发展和生活水平的提高，民众对生活环境质量的要求也随之提高。生态文明建设的提出、建立科学财税制度的要求，都决定了未来经济发展应该更加注重对资源的节约和保护环境。消费税的首要功能是调节功能，通过对在消费环节产生污染的产品征收消费税，可以刺激生产者和消费者减少对环境有害产品的生产和使用，还可以促使企业进行技术创新，调整生产和消费结构，从而达到保护和改善环境的目的。为此，在优化税收制度的改革中，应进一步完善消费税制度，强化消费税的生态功能。

第一，扩大消费税征税范围。2013 年 11 月发布的《中共中央关于全面深化改革若干重大问题的决定》指出："调整消费税征收范围、环节、税率，把高耗能、高污染产品及部分高档消费品纳入征收范围"，这充分说明促进生态环保、节约利用资源成为此轮消费税改革的重要目标之一。近年来，财政部和国家税务总局对应税消费品的范围进行了多次调整，逐步将电池、涂料纳入征税范围，并对超豪华小汽车加征消费税。今后可以考虑将消费税征收范围由特殊商品消费领域向高端服务消费领域拓展，同时有必要将农药、化肥、含磷洗涤剂、电子废弃物、包装材料等纳入消费税计征范围，减少和杜绝合成化学品以及废弃电子产品引发的环保问题，促进包装材料的回收利用，减少资源浪费和环境污染。

第二，调整消费税税率。消费税的税率应体现出环境治理效应，为引导消费者的消费行为，促使制造商转向生产节能型小汽车，可加大对高耗能、大排量小汽车的征税力度，逐步淘汰污染严重的小汽车，以减少污染气体排放。适当提高现行成品油及其他高耗能产品税率。

第三，设置税收优惠政策。可以参照发达国家经验，比照和借鉴增值税、所得税的做法，增加对有利于环境保护消费行为的税收优惠政策，如对购买新能源汽车的消费者，可以实行税收优惠，从而鼓励人们去保护环境。

四、调整和完善相关的税收优惠政策

增值税方面：第一，可以适当扩大增值税的激励范围。如将水力发电、地热能发电、热电联产等方式纳入资源综合利用产品及劳务的增值税即征即退的优惠范围中。第二，适当简化税收优惠档次。如可以将100%、80%、50%等多档即征即退优惠合并为两档或一档，以简化征税流程。第三，对于引入环保先进技术，应考虑减免进口环节的增值税。

所得税方面：在投资环节，应考虑对于民间资本投资进入节能环保产业，予以一定时期内免征企业所得税的优惠；对于法人投资于节能环保产业的风险投资所获得的收益应减征企业所得税。在研发环节，对节能环保企业为研发新产品、新技术所引进的无形资产，可以考虑给予缩短摊销年限的优惠政策；对节能环保企业的培训费用不设置扣除限额，允许全额据实扣除；允许企业提取税前扣除风险投资准备金；对环保研发使用的先进设备允许加速折旧。在生产和服务环节，应加大对企业综合利用资源的优惠力度。可以考虑对企业自产自用符合国家产业政策规定的资源综合利用产品，给予适当优惠政策；加大对环境服务业的优惠力度，可将企业在环境保护、节能等方面提供技术转让、技术培训、技术咨询等所取得的技术性服务收入，纳入企业所得税优惠范围，享受企业所得税有关企业技术转让的减免税政策。在销售环节，可以适当放宽节能环保企业所得税广告费用扣除的限制；加大对使用和安装节能环保设备的企业和个人的优惠力度。

其他相关税种。对用于制造节能环保设备的进口零部件及原材料，应免征进口关税；对治理污染设施的生产经营性用房及占用土地所涉及的房产税和城镇土地使用税，应该制订相应的税收优惠政策；对个体工商户、私营企业、合伙企业等购买环保设备，应允许按照一定比例抵免税额；对个人购置新能源汽车的车辆购置税，应给予减免。

第三节　相关的配套改革

一、明晰生态环保事权与支出责任

生态环保事权主要包括两个层面：一是厘清政府与市场的生态环保事权边界；二是中央与地方政府的生态环保事权和支出责任划分。

在政府与市场的层面上，按照我国相关法律法规规定，政府主要负责生态环境规制的制定和对污染治理的监督管理，如编制规划、制定规则、确立市场准入标准，对污染治理和生态变化进行监督管理，同时承担了跨地区、跨流域的环境污染综合治理，以及履行国际环境义务等工作。财政支出的重点在于，通过财政投入，履行弥补“市场失灵”、引导市场行为、引导鼓励市场承担更多的资源配置职能，促进绿色发展。

在中央与地方政府间事权与支出责任划分层面，首先应明细各级政府的事权，并将事权与支出责任相匹配。生态文明建设的关键问题是理顺中央与地方在环境保护领域的财政关系，建立事权和支出责任相适应的制度。2016 年国务院发布了《关于推进中央与地方财政事权和支出责任划分改革的指导意见》（以下简称《指导意见》），明确了财政事权和支出责任划分的指导思想、总体要求以及划分原则。在明确界定政府环境保护事权范围的基础上，各级政府环境事权与支出责任的划分要遵循《指导意见》的划分原则，受益范围覆盖全国的环境公共物品和事项，属于中央财政事权，由中央政府履行支出责任。受益范围仅限于特定行政管辖区的环境问题，应属于地方财政事权，由地方政府履行支出责任。对受益范围跨省（区、市）的环境保护与治理等环境事项，应确定为中央和地方共同财政事权，并由中央政府和相关地方政府共同履行支出责任，如跨省（区、市）重大环境保护与治理项目等。

在政府间环境保护事权与支出责任划分上，中央或地方的独立财政事权边界划分相对清晰，由此产生的支出责任划分也相对容易，改革的难点在于如何划分中央与地方共同事权和履行支出责任。尤其是在跨流域水污染防治和跨区域大气污染治理中，涉及多个行政管辖区域，各级政府管理的领域和对象重合，且中央和地方政府的信息不对称。对此，可由中央政府制定规划、政策以及标准，并履行监督管理职责，地方政府按照中央决策履行执行的责任。在厘清各级政府职责的基础上，根据“谁的财政事权谁承担支出责任”的原则，采取中央与地方按比例承担支出责任的方式，具体的分担比例则可根据环境项目的地区外溢性程度、影响范围以及地方财政能力而定。同时要加强区域地方政府之间的协同与合作。地方政府可以通过签署合作协议或建立合作组织的形式，构建超出地方权利的跨区域合作部门或组织。中央政府可赋予这类组织相应的财政资金分配权限和管理权限，地方政府也可以让渡一部分各自的管理权力，由此形成超出地方权力的跨界区域共同权利。

二、建立健全生态文明预算绩效管理机制

在明确生态文明建设的阶段性目标、内容等的基础上，按照2018年9月颁布的《中共中央 国务院关于全面实施预算绩效管理的意见》（以下简称《意见》）的要求，建立健全生态文明预算绩效管理机制，提高财政资金的利用效率。

第一，政府应将生态文明建设的目标纳入预算绩效管理体系中。将生态环保目标落实到预算资金的安排之中，强化财政预算绩效管理在生态环境上的刚性约束，并将生态文明理念融入事前绩效目标设

置、事中绩效目标动态监控以及事后开展绩效评价的各个阶段和环节。

第二，生态文明预算绩效管理应贯穿预算编制、执行、监督全过程。在预算编制审核环节，要健全生态文明财政投入的绩效评估体系，确保投入方向的可行性和预算金额的科学性。在支出执行环节，要保障资金的专款专用，严防资金被挤占和挪用，成为相关企业骗取财政资金和财政补贴的渠道。在决算审计环节，要核实资金的支出效果，评价支出的使用效率。在生态文明预算管理的整个过程中，都应制定科学合理的指标评价体系，确保资金使用效率的最大化。

第三，建立生态文明预算绩效管理的保障机制。生态环境预算绩效管理需要多个部门甚至全社会的参与，必须发挥各个部门的职能作用，建立部门之间的联动机制。同时，应逐步建立正向激励机制，拓宽预算主体的自主权，让其有更大的创新空间，同时承担更多的责任和义务。另外，还应该加强生态环境管理信息化建设，建立起与之相适应的信息平台。

三、建立生态文明财政工作协调机制

随着生态文明建设的全面展开，相关部门所面临的问题会愈加复杂和棘手，急需改进、完善和理顺工作协调机制，保证生态文明建设的顺利推进。

第一，理清财政部内部司局间的工作关系，加强相关司局之间的协调与互动。日前，中央编办网站公布了财政部的三定方案，在内设机构中，财政部新成立了自然资源和生态环境司。该司承担自然资源和生态环境等领域的部门预算和预算支出有关工作，提出与生态文明建设相关的财政政策建议，并参与拟订自然资源和生态环境领域发展规划、政策等。自然资源和生态环境司的成立，无疑对生态环境保护工作起到了巨大的推动作用，但是还需要适时整合部内相关职能，建议考虑今后逐步将能源等涉及生态文明的工作纳入该司进行统一管理，加强自然资源和生态环境司与其他司局的协调与合作，强化财政部内设机构有效、有序配合，推动部内形成合力。

第二，加强财政系统内中央、地方机构建设和组织协调。鉴于财政部已经成立自然资源与生态环境司并开始工作，地方财政厅、局也应逐步建立相关机构，理顺生态文明建设运行机制，落实各级政府的职责，以便更好地开展工作。

第三，加强财政部门与其他部委的联系和工作协调。财政部门仍需要研究在推进生态文明建设的过程中，如何加强与其他专项改革领域的机构协同与合作的问题。一方面要加强与其他部委相关机构的沟通与协调；另一方面要注意发挥财政政策的引导性和手段灵活多样的特点，注重各种政策工具的协调运用，如税收政策、补贴政策、引导基金等，应相互衔接、发挥合力。同时注重财政政策与金融、价格、产业等政策协调配合，综合发力，真正促进生态文明建设的发展。

第四，其他配套政策的实行。在完善机构设置层面，应着力加强生态文明建设的社会参与机制，可考虑在行政机构下面，成立各种民间的团体协会，如成立中国资源环境管理学会，通过这种“官商研，产学研”的结合，有效地推进生态文明建设。

四、构建大国财政体系

2014 年 6 月，习近平总书记在中央全面深化改革小组第三次会议上提出，财政体制改革不是解一时之弊，而是着眼长远机制的系统性重构。财政服务于国家经济的发展，在国家治理和国家发展战略中起着关键的作用。大国财政是推进人类命运共同体建设的重要支撑，应在参与全球资源配置、实现全球利益分配、承担全球风险治理责任、化解公共风险上有所作为。

随着综合实力的增强、国际地位的不断提高，中国在深度参与全球环境治理中，理应承担起更多的国际责任。中国政府牵头成立了亚洲基础设施投资银行等多边金融机构，提出共建绿色“一带一路”倡议，筹建气候变化南南合作基金，并通过联合国、全球环境基金、世界银行等国际和区域性组织，在参与全球环境治理、应对气候变化、化解能源危机等方面发挥了举足轻重的作用，彰显了负责任大国的担当。履行大国责任需要大国财政的支撑，需要财政政策配套实施。在全球化的背景下，财政政策的制定也要符合大国财政的定位，要具有全球视角，既要考虑国内社会经济发展的需要，又要考虑遵守国际市场的“游戏规则”，还要考虑其他国家经济形势的变化，从更宏观的视野重新定位财政职能和财政政策框架。

当前世界形势多变，面临着巨大的不确定性，一些发达国家单边主义与逆全球化思潮盛行。美国频频宣布“退群”，英国“脱欧”，法国和意大利的民粹主义泛滥，加拿大、日本等国家拒绝承担相应的减排义务等。在这种形势下，中国提出了构建人类命运共同体的中国方案，而大国财政则是推进人类命运共同体建设的基础、支柱和关键抓手。中国要把握机会，顺势而为，主动参与国际经贸规则制定和全球经济治理，以大国财政的担当，走向世界舞台的中央。

与此同时，我们也应清醒地认识到，中国仍然是发展中国家，我们的经济实力和科技水平与世界上发达国家还有很大的差距。我们应在积极履行保护和改善全球环境责任的同时，避免让“大国责任”成为我们的“负担”，坚持“共同但有区别的责任”原则，承担与国家实力相称的国际责任。因此，中国应在明确自身国际定位的基础上，综合考虑经济发展水平和财政能力，建立起与我国综合国力和国际地位相适应的大国财政体系。

参考文献

[1] D. W. Pearce, R. K. Turner. Economics of Natural Resources and the Environment [M]. The Johns Hopkins University Press, 1990.

[2] Tom Tietenberg. Environmental and natural resources economics [M]. Tsinghua University Press, 2001.

[3] Lester R. Brown. Plan B: Rescuing a Planet under Stress and a Civilization in Trouble [M]. W. W. Norton & Company, 2003.

[4] Paul R. Portney and Robert N. Stavins. Public Policies for Environmental Protection [M]. Resources for the Future Press (RFF Press), 2nd Revised edition, 2000.

[5] Tom Tietenberg. Emissions Trading: An Exercise in Reforming Pollution Policy [M]. Washington: Resources for the Future, 1985.

[6] William P. Cunningham, Mary Ann Cunningham. Environmental Science: A Global Concern (Thirteenth Edition) [M]. 北京：清华大学出版社，2018 年版.

[7] Thomas Sterner. The Political Economy of Refunded Emissions Payment Programs [R]. Working Paper, 2004.

[8] Nash J. Non－cooperative games [J]. The Annals of Mathematics, 1951, 54 (2).

[9] [美] 保罗·萨缪尔森，威廉·诺德豪斯. 经济学 [M]. 萧琛译. 北京：商务印书馆，2014.

[10] 尹伯成，赵红军. 西方经济学说史 [M]. 上海：复旦大

学出版社，2005.

［11］［英］庇古．福利经济学［M］．晏智杰编，金镝译．北京：华夏出版社，2017.

［12］潘家华等．中国生态建设与环境保护（1978 ~ 2018）［M］．北京：社会科学文献出版社，2019.

［13］潘家华等．生态文明建设的理论构建与实践探索［M］．北京：中国社会科学出版社，2017.

［14］陈晓红等．生态文明制度建设研究［M］．北京：经济科学出版社，2018.

［15］李晓西编著．绿色抉择：中国环保体制改革与绿色发展 40 年［M］．北京：广东经济出版社，2017.

［16］刘建伟．新中国成立后中国共产党认识和解决环境问题研究［M］．北京：人民出版社，2017.

［17］本书编委会编．改革开放中的中国环境保护事业 30 年［M］．北京：中国环境科学出版社，2010.

［18］袁华萍．财政分权下的地方政府环境污染治理研究［M］．北京：经济科学出版社，2016.

［19］李正旺．促进我国生态文明发展的财政政策研究［M］．北京：经济科学出版社，2017.

［20］赵家荣，曾少军等．永续发展之路：中国生态文明体制机制研究［M］．北京：中国经济出版社，2017.

［21］马海涛，马金华．中国社会经济转型与财政发展：改革开放 40 年回顾与思考：中国财税改革研究报告［M］．北京：中国财政经济出版社，2018.

［22］赵世萍．新常态下中国经济转型发展研究［M］．北京：中国环境出版集团，2018.

［23］国家环保局．中国环境保护事业（1981—1985）［M］．北京：中国环境科学出版社，1988.

［24］胡鞍钢．中国：创新绿色发展［M］．北京：中国人民大学出版社，2012.

［25］曲格平．中国环境问题及对策［M］．北京：中国环境科学出版社，2007.

［26］本书编委会．中国环境保护行政二十年［M］．北京：中国环境科学出版社，1994.

［27］侯伟丽．中国经济增长与环境质量［M］．北京：科学出版社，2005.

［28］全国人大财政经济委员会办公室，国家发展和改革委员会发展规划司．建国以来国民经济和社会发展五年计划重要文件汇编［M］．北京：中国民主法制出版社，2008.

［29］国家环境保护总局，中共中央文献研究室编．新时期环境保护重要文献选编［M］．北京：中央文献出版社，中国环境科学出版社，2001.

［30］王金南，杨金田等．市场经济转型期中国环境税收政策的探讨［J］．环境科学进展，1994.

［31］王金南等编著．中国环境政策（第五卷）［M］．北京：中国环境科学出版社，2009.

［32］李晓西．中国：新的发展观［M］．北京：中国经济出版社，2009.

［33］世界环境与发展委员会．我们共同的未来［M］．长春：吉林人民出版社，1989.

［34］程谦．财政制度变迁与政策选择［M］．北京：中国财政经济出版社，2006.

［35］中共中央文献研究室．十四大以来重要文献选编（下）［M］．北京：人民出版社，1999.

［36］中共中央文献研究室．十七大以来重要文献选编（上）［M］．北京：中央文献出版社，2009.

［37］中国科学院可持续发展战略研究组.2013 中国可持续发展战略报告：未来 10 年的生态文明之路［M］. 北京：科学出版社，2013.

［38］慎海雄等. 习近平改革开放思想研究［M］. 北京：人民出版社，2018.

［39］李齐云. 建立健全与事权相匹配的财税体制研究［M］. 北京：中国财政经济出版社，2013.

［40］张通. 中国公共支出管理与改革［M］. 北京：经济科学出版社，2010.

［41］丛树海等. 收入分配与财政支出结构［M］. 北京：人民出版社，2014.

［42］姬振海. 生态文明论［M］. 北京：人民出版社，2007.

［43］倪瑞华. 可持续发展的伦理精神［M］. 北京：中国社会科学出版社，2005.

［44］王雨辰. 走近生态文明［M］. 武汉：湖北人民出版社，2011.

［45］诸大建. 生态文明与绿色发展［M］. 北京：中国环境科学出版社，2010.

［46］应启肇. 环境、生态与可持续发展策略［M］. 杭州：浙江大学出版社，2008.

［47］付文林主编.2018 中国财政发展报告——政府间财政关系［M］. 北京：北京大学出版社，2019.

［48］冯俊主编. 中国治理新方略［M］. 北京：人民出版社，2017.

［49］刘尚希，傅志华等. 中国改革开放的财政逻辑（1978—2018）［M］. 北京：人民出版社，2018.

［50］贾峰. 美丽中国——生态文明建设五讲［M］. 北京：人民出版社，2013.

［51］李丽平，孙飞翔等．美国环境政策研究［M］．北京：中国环境出版社，2017.

［52］陈亮主编．全球环境政策研究 2017［M］．北京：中国环境出版集团，2018.

［53］陈亮主编．全球环境政策研究 2016［M］．北京：中国环境出版集团，2017.

［54］刘春兰．世界城市空气污染治理与空气质量管理研究［M］．北京：化学工业出版社，2016.

［55］刘岩等．世界海洋生态环境保护现状与发展趋势研究 2016［M］．北京：北京海洋出版集团，2012.

［56］任玲，张云飞．改革开放 40 年的中国生态文明建设［M］．北京：中共党史出版社，2018.

［57］李冬．日本环境问题研究［M］．长春：吉林大学出版社，2003.

［58］李时宇．中国税制改革：迈向统一市场的步伐［M］．北京：经济科学出版社，2018.

［59］李森．现代财政制度视阈下财政理论的比较与综合［M］．北京：经济科学出版社，2017.

［60］习近平．习近平谈治国理政（第 2 卷）［M］．北京：外文出版社，2017.

［61］中共中央文献研究室．习近平关于社会主义生态文明建设论述摘编［M］．北京：中央文献出版社，2017.

［62］苏明，刘军民，张洁．促进环境保护的公共财政政策研究［J］．财政研究，2008（7）.

［63］卢洪友，祁毓．我国环境保护财政支出现状评析及优化路径选择［J］．环境保护，2012（17）.

［64］盖中伟．促进环境保护的财政政策研究［J］．财政监督，2018（1）.

[65] 史丹，吴仲斌．支持生态文明建设中央财政转移支付问题研究 [J]．地方财政研究，2015 (3).

[66] 杨志勇，何代欣．公共政策视角下的环境税 [J]．税务研究，2011 (7).

[67] 付慧珠．论我国环境税立法的基本原则 [J]．江西社会科学，2012 (4).

[68] 程黎，刘刚．“十二五”时期环境税成为地方主体税种的可能性 [J]．宏观经济研究，2013 (1).

[69] 孙钢，许文．我国环境税制建设的若干思考 [J]．中国财政，2008 (9).

[70] 苏明，许文．中国环境税改革问题研究 [J]．财政研究，2011 (2).

[71] 周景坤，杜磊．国外雾霾防治税收政策及启示 [J]．理论学刊，2015 (12).

[72] 李涛，石磊，马中．环境税开征背景下我国污水排污费政策分析与评估 [J]．中央财经大学学报，2016 (9).

[73] 杨飞．环境税、环境补贴与清洁技术创新：理论与经验 [J]．财经论丛，2017 (8).

[74] 张虹，胡晓红．西部试行排污权交易制度的再思考 [J]．生态经济，2005 (12).

[75] 孔国荣，吕东锋．浅论我国排污权交易制度 [J]．企业经济，2008 (12).

[76] 李云燕．排污权交易制度的理论框架与产权分析 [J]．中央财经大学学报，2009 (8).

[77] 郑易生等．90 年代中期中国环境污染经济损失估算 [J]．管理世界，1999 (2).

[78] 曹明德，毛涛．国外环境税制的立法实践及其对我国的启示 [J]．中国政法大学学报，2011 (3).

[79] 白杨，黄宇驰等．我国生态文明建设及其评估体系研究进展［J］．生态学报，2011（20）．

[80] 潘岳．生态文明应成为社会文明体系的基础［J］．瞭望，2007（4）．

[81] 王金霞．生态补偿财税政策探析［J］．税务与经济，2009（2）．

[82] 杨文中．水生态补偿财政转移支付制度设计［J］．北京师范大学学报，2013（4）．

[83] 周生贤．积极建设生态文明［J］．求是，2009（11）．

[84] 唐啸，胡鞍钢．绿色发展与“十三五”规划［J］．学习与探索，2016（11）．

[85] 孙荣庆，逯元堂．我国环保投融资政策走过四十年［J］．环境经济，2013（5）．

[86] 王玉庆．中国环境保护政策的历史变迁［J］．环境与可持续发展，2018（4）．

[87] 马海涛，肖朋．改革开放四十年我国财税改革回顾与展望［J］．地方财政研究，2018（11）．

[88] 韩冬梅，刘静，金书秦．中国农业农村环境保护政策四十年回顾与展望［J］．环境与可持续发展，2019（2）．

[89] 逯元堂，吴舜泽，陈鹏等．环境保护事权与支出责任划分研究［J］．中国人口·资源与环境，2014（11）．

[90] 郑石明，彭芮，高灿玉．中国环境政策变迁逻辑与展望——基于共词与聚类分析［J］．吉首大学学报（社会科学版），2019（2）．

[91] 张惠远，刘桂环，郝海广．中国西部环境政策回顾及建议［J］．中国人口·资源与环境，2014（11）．

[92] 张坤民．中国环境保护事业60年［J］．中国人口·资源与环境，2010（6）．

[93] 曲格平．中国环境保护四十年回顾与思考［J］．中国环境

管理干部学院学报，2013（6）.

［94］刘尚希．从“公共财政”走向“民生财政”［J］．财政监督，2012（4）.

［95］刘尚希，程瑜，李成威，樊轶侠．十八届三中全会以来财税体制改革的进展及评估［J］．新金融评论，2018（2）.

［96］胡洪彬．社会资本视角下的生态文明建设路径［J］．四川行政学院学报，2009（2）.

［97］王灿发．论生态文明建设法律保障体系的构建［J］．中国法学，2014（3）.

［98］王凯．以环境文化推动生态文明建设［J］．环境教育，2009（4）.

［99］夏光．加快建设生态文明制度体系［J］．政策，2014（1）.

［100］环境保护部环境规划院．我国环境经济政策2012年度报告［J］．环境经济，2013（12）.

［101］环境保护部环境规划院．环境经济政策年度报告2015［J］．环境经济，2016（11）.

［102］环境保护部环境规划院．环境经济政策年度报告2016［J］．环境经济，2017（11）.

［103］环境保护部环境规划院．环境经济政策年度报告2017［J］．环境经济，2018（7）.

［104］环境保护部环境规划院．环境经济政策年度报告2018［J］．环境经济，2019（7）.

［105］林永生，吴其倡，袁明扬．中国环境经济政策的演化特征［J］．中国环境报告，2018（11）.

［106］李伟伟．中国环境政策的演变与政策工具分析［J］．中国人口·资源与环境，2014（5）.

［107］程泉，郑军，裴潇．我国环境保护税实施现状及问题分

析［J］．财政监督，2019（12）．

［108］胡子昂．我国环保税、费制度的现状及完善对策［J］．特区经济，2007（8）．

［109］郭艳红．关于环境财政政策的文献研究［J］．经济论坛，2012（7）．

［110］孔志峰．生态补偿机制的财政政策设计［J］．财政与发展，2007（2）．

［111］潘岳．生态文明应成为社会文明体系的基础［J］．瞭望，2007（4）．

［112］许文．“十二五”期间环境税改革探讨［J］．环境与可持续发展，2011（4）．

［113］路世昌，范小齐．我国开征环境保护税的政策评析及改进意见［J］．辽宁工程技术大学学报（社会科学版），2019（3）．

［114］刘鸿亮，曹凤云，徐云等．国外环境保护发展历程说明“环境风暴”必然理性回归［J］．黑龙江环境通报，2010（9）．

［115］李庆琳．以国际化视角论强化环境保护税征管［J］．经济研究参考，2018（17）．

［116］朱小会，陆远权．美国与欧盟环境保护财税政策经验及启示［J］．环境保护，2018（14）．

［117］李丽平，李媛媛等．在中国当前同等发展阶段时的美国环境保护措施研究［J］．环境与可持续发展，2016（5）．

［118］茅于轼．美国政府的环境保护政策［J］．美国研究，1990（5）．

［119］曹彩虹．美国环境管理体系研究及其启示［J］．北京联合大学学报（人文社会科学版），2017（1）．

［120］许建飞．浅析20世纪英国大气环境保护立法状况［J］．法制与社会，2014（5）．

［121］中央编办赴英国培训团．英国的环境保护管理体制［J］．

行政科学论坛，2017 (2).

[122] 佘永跃，樊奇．日本环境治理的经验和教训及其有益启示 [J]. 经济社会体制比较，2018 (1).

[123] 刘芳．美日环境保护对我国的启示 [J]. 中国环境管理干部学院学报，2012 (10).

[124] 曹阳，孙林红．中国政府机构条块体制变迁逻辑与改革方向——以环保机构为例 [J]. 产业组织评论，2018 (9).

[125] 熊久勋，高民政．贸易战背景下构建“人类命运共同体”的再审视 [J]. 理论导刊，2019 (1).

[126] 邢丽．开征环境税：结构性减税中的“加法”效应研究 [J]. 税务研究，2009 (7).

[127] 谢利，赵勇．设立环境保护税的可行性探讨 [J]. 中国环境管理，1992 (6).

[128] 周泓．开征环保税势在必行 [J]. 中国环境管理，1993 (8).

[129] 马军红．开征环保税势在必行 [J]. 中国环境管理，1993 (8).

[130] 谭立．论建立和完善我国环境税 [J]. 中国人口·资源与环境，1999 (1).

[131] 王景东，许文等．论我国环境税收制度的构建 [J]. 吉林财税高等专科学校学报，2000 (1).

[132] 吴昌林，刘昌臣．总量控制原则下排污权有效配置的实施 [J]. 华东交通大学学报，2018 (1).

[133] 马中，蓝虹．建立环境财政是我国发展市场经济的必然选择 [J]. 环境保护，2004 (11).

[134] 汤天滋．建立环境财政体系的几点构想 [J]. 财政研究，2006 (10).

[135] 李红祥，吴舜泽等．构建中国环境基本公共服务体系的

思考［A］．中国环境科学学会．中国环境科学学会学术年会论文集2011（第二卷）［C］．北京：中国环境科学出版社，2011.

［136］王辉文．可持续发展视野下我国政府环境保护管理体制创新研究［D］．湘潭大学，2009.

［137］郭佳．中国环境保护财政政策研究［D］．重庆大学，2015.

［138］高维蔚．促进绿色发展的财政支出政策研究［D］．中国财政科学研究院，2015.

［139］张硕．我国环境保护财政支出绩效研究［D］．中国社会科学院研究生院，2017.

［140］秦婷婷．促进环境保护的财政政策研究［D］．山东财经大学，2016.

［141］田丹．中国财政收支政策的环境效应实证研究［D］．武汉大学，2014.

［142］吴盈．环境税政策研究［D］．上海交通大学，2011.

［143］李蔚军．美日英三国环境治理比较研究及其对中国的启示［D］．复旦大学，2008.

［144］岳倩．日本环境保护的历史考察［D］．苏州大学，2011.

［145］齐建军．美国生态保护的历史轨迹及对我国生态文明建设的启示［D］．辽宁省党校，2011.

［146］田丹．中国财政收支政策的环境效应实证研究［D］．武汉大学，2014.

［147］吴家萌．经济周期不同阶段下环境财政政策的选择［D］．南京财经大学，2016.

［148］张玉．财税政策的环境治理效应研究［D］．山东大学，2014.